서	정	적						
		자	아	와	의		만	담	

서정적 자아와의 만담

이선희 씀

공감마을

혼자라는 외로움,

나만 뒤처진 것은 아닌가 하는 불안감,

이미 늦었다는 절망감에

사로잡혀 있는 사람들에게

나의 이야기가

작은 위로가 되면 좋겠다.

작가의 말

이 책은 나의 일기이다. 그러나 동시에 나 자신을 향한 질문이기도 하다. 나의 정체성Identity, 내 존재의 이유, 나는 누구인가? 나는 무엇을 해야만 하는가? who am I? what should I do? 아침에 눈을 떠서 다시 잠자리에 들 때까지 나는 자신에게 끊임없이 질문을 던진다. 이 책은 그래서 내 삶 자체이다. 이 책을 읽는 독자는 삶의 근원과 의미를 찾기 위해 헤매는 나의 모습을 볼 수 있을 것이다. 또한, 앞으로 나아가고자 하는 나의 발목을 잡고 있는 치사한 이 병을 떨쳐내려는 나의 발버둥도 볼 수 있을 것이다. 누군가 해준 조언에 심히 공감한다. "시나브로 마음을 잘 다스려라, 내가 주체가 되어야 하는 병이지 약도 아니고 의사도 아니다. 그들은 우리를 도와주는 것이지 앞에서 끌고 가는 것들은 아니다."

질문에 대한 답은 찾았는가? 솔직히 그러지 못했다. 답을 찾기에는 내가 아직도 어리다는 생각을 한다. 그래서 내 삶을 어떻게 요리해야 할지 알지 못한다. 반백 년을 살았지만, 앞으로 남은 인생의 여정에서 퍼즐을 맞추듯 답을 찾아 나가야 할 것이다. 그런데도, 이 책이 나와 같은 문제로 씨름하며, 나와 비슷한 질문이 있는 이들에게 도움이 되길 기대해 본다. 혼자라는 외로움, 나만 뒤처진 것은 아닌가 하는 불안감, 이미 늦었다는 절망감에 사로잡혀 있는 사람들에게 나의 이야기가 작은 위로가 되면 좋겠다. 앞으로도 나는 계속 나의 이야기를 써 나갈 것이다. 무엇을 위해? 내 온전한 자아를 완성하기 위해서, 그거면 충분하다.

이 책이 나오기까지 도움을 주신 김찬홍 목사님과 공감마을 출판사에 감사드리고, 항상 옆에서 절 응원해주시는 부모님, 남편 고맙습니다. 더 열심히 살겠습니다. 감사합니다.

| 목 | 차 | | | | | |

· 6 ·
작가의 말

· 11 ·
2022년 10월

· 68 ·
2022년 11월

· 115 ·
2022년 12월

· **150** ·
2023년 1월

· **176** ·
2023년 2월

· **201** ·
2023년 3월

· **217** ·
2023년 4월

서정적 자아와의

만담

2022

month
1 2 3 4 5 6
7 8 9 ⑩ 11 12

10. 4.
mon (tue) wed thu fri sat sun

		신身	변邊	잡雜	기記	

pm 12:39에 김포한강생태공원점 할리스에서 씀

마음을 다잡아 본다.

뷰가 멋들어진 곳. ○○동 할리스도 좋지만, 이곳도 마음에 든다. 사방이 다 뚫린 공간. 갇혀 있다는 기분이 들지 않아, 여기가 훨씬 좋다. 잔잔한 음악, 도란거리는 소리도 귀에 거슬리지 않는다. 거기에 더해, 주차 요금도 따로 정산하지 않아도 되니, 하루 종일 있을 수 있겠다는 생각.

멘탈mental이 강하지 못해 유배를 당한 걸까? 사우동, 김밥천국을 무시한 대가를 치르는 건가? 재미있다. 서로 무시하고, 기분 상해 화를 낸 것뿐인데, 연합하여 나를 따돌렸다. 눈치 없기로는 누구에게도 지지 않는 나답게 흩어져 방황하던 내 기억들이 이제야 제자리에 맞춰진다.

웃기면서도 슬프다. 어제저녁엔 비바람이 휘몰아쳤는데, 지금은 맑음. 이것도 재미있네. 아무 일도 일어나지 않는다면 세상은 얼마나 단조로울까? 내 영혼에 해를 끼치지 않는 한, 모든 것을 허하노라! 요 며칠 자다 깨는 밤이 이어진다. 운동을 심하게 한 탓에 바이오 리듬이 깨진 건지도. 까짓것, 다시 돌려놓으면 되는 일. 심각한 수준은 아니다. 그래도, 바리움$_{Valium}$은 먹어야 할까? 확실히, 운동은 좀 해야겠다. 모든 고민과 번뇌는 시간이 약이더라. 흐르는 시간을 따라 없어질지어다. 잔재가 남긴 하겠지만, 견디어 보자. 노력하는 거야. 너는 할 수 있어. "유 캔 두잇$_{You\ can\ do\ it}$!" 그래, 이젠 그만 흔들리는 것으로.

'썸'을 타다 보면 대충 이런 절차로 생각이 전개된다. 사랑? 연모?와 같은 감정이 상대에게 따뜻한 시선을 보내게 되고 서로의 모든 행동들이 이해가 된다. 그러다가 더 가까이 가고픈 맘이 생긴다. 그 마음이 차오르면, 상대방에게 선물이나 용돈 따위를 마구 퍼주고 싶어지는 것이다. 때가 이르러 '당신을 사랑한다'고 고백하고픈 맘이 넘친다. 그러다 길을 잘못 들면 '아냐, 아냐, 넌 과거에 날 괴롭혀서 응당 처분을 기다리고 있어야 해'라는 이기적인 맘이 들게 된다. 그리고. 언젠가는 뷰가 예술인 저 자리에 앉아보리라. 도전정신이 뿜뿜.

그냥 이어 가고 싶은 마음도 있었다. 하지만 그 초이스$_{choice}$는 끝없이 조악하고 한심한 결과만 초래한다는 것을 경험으로 알고 있다. 글을 쓰는 이 행위도, 도태의 수렁에서 나를 건져내고자 하는 노력의 일환인지도 모르겠다. 기쁨, 희망, 아니면 유혹, 뭐라 이름 붙이든 나를 업$_{up}$되게 만들어 주는 것이 있다. 그래야 내가 살 수 있다. 세로토닌

serotonin이 샘물처럼 솟아 나와야 한다. 찔끔거리면 견딜 수가 없다.

무심코 하늘을 올려다본다. 그리고 우주를 우러러본다. 코스모스cosmos, 유니버스universe, 스페이스space, 모두 우주를 뜻하는 말이다. 우주는 참으로 아름답다. 경이로운 안드로메다, 멋진 초신성, 안개처럼 신비로운 가스들이 형형색색으로 우주를 수 놓는다. 자신의 아름다움을 알기나 하는지, 영원 같은 시간 동안 눈부신 빛깔을 뽐내고 있다. 오로라Aurora의 아름다움에 관한 이야기를 들은 적이 있다. 비 온 뒤 떠오르는 무지개도 그처럼 예쁜데, 오로라는 얼마나 아름다울지. 오로라를 보기 위해 떠나는 여행, 그런 것이 진정한 자유일 것이다. 프리덤Freedom 기분이 좋다.

내가 살아있다는 것. 나도 우주처럼 아름답게 빛나고 있다는 것. 그것을 감지할 수 있는 놈은 몇 없다. 바보 같은 것들. 울 남편은 복 받았네, 복 받았어. 손주를 목 빠지게 기다리다 포기하신 시댁 어른들. 그분들께 이토록 죄송한 마음을 가지고 살아가는 것이 맞는 걸까? 이따금 쓸개 근처 어딘가를 아프게 찔러와 나를 곤혹스럽게 만드는 베이비리스babyless. 답답한 마음이 시원해질까, 입안에 은단을 털어 넣는다. 입안이 시원해지고, 내 머리까지 시원해지는 느낌. 젠장. 뭐가 문제라고 이리 마음을 졸이고 있나? 이런 생각을 희망으로 승화시킬 수는 없을까? 다 틀렸어. 아니, 틀린 것이 아니라 다른 것이라고 했던가?

요즘 이야기들 몇 가지. 죗값을 다 치른 성범죄자가 사회로 복귀하려 한다. 당연히 그 지역 사람들은 불안해하고 분노한다. 아이들 등굣길은 어떻게 하나. 대책이 없다. 우리 동네가 아니니 상관이 없다는 사람도 있겠지. 해외 순방 중인 우리나라 대통령이 비속어를 사용한 것이 언론을 통해 공개되었다. 난리다. 야당은 외교부 장관을 경질하라고 목소리를 높인다. 미필적 고의에 의한 살해로, 김은해와 그녀의 남편이 무기징역을 받는다고 한다. 아이러니하게도 살인 현장인 폭포에 사람들이 몰려 관광지가 되어버렸다.

이내 시선을 돌려 본다. 오늘 보니 기름값이 1,500원대, 가슴을 쓸어내린다. 정부의 조치가 있었는지도 모르겠다. 여하간 다행이다. 인도네시아 축구장에서 일어난 압사 사고로 150명이 목숨을 잃었다. 남의 일이라고 수준 낮은 시민의식이라 쉽게 폄하貶下하는 사람도 있다. 우크라이나 대통령, 젤렌스키V. Zelensky가 노벨 평화상을 수상할 수도 있다는 말이 나온다. 좀 과한 것이 아닐까 싶기도 하다. 북한에서는 동서를 가로지르는 대운하를 만든다고 하는데, 대다수의 언론은 우려의 목소리를 담아내고 있다. 지금 세상은 이렇게 돌아가고 있다. 너희들 모두, 어쩌면 좋으니?

10. 5.
mon tue (wed) thu fri sat sun

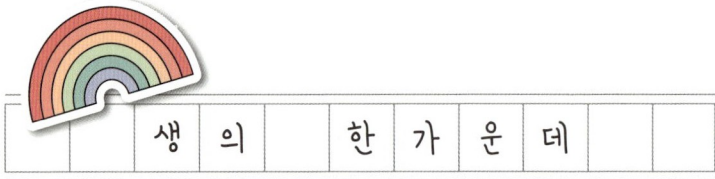

| | 생 | 의 | | 한 | 가 | 운 | 데 | |

pm 12:08에 김포한강생태공원점 할리스에서 씀

루틴을 따라 여기에 또 와있다. 앉고 싶은 창가 자리는 늘 만원이다. 개구리는 멀리 뛰기 위해 움츠린다고 했던가? 책의 내용은 가물가물 하지만, 루이제 린저Luise Rinser의 "생의 한가운데"가 생각난다. 나는 지금 생의 한가운데에 있다. "인 더 미들 오브 원스 라이프In the middle of one's life." 무언가 진지한 시점에 와있다는 느낌에 자꾸 내 삶을 되돌아보게 된다. 내가 앓고 있는 병에는 도움이 되지 않겠지만, 내 삶을 진지하게 돌아보는 시도가 없다면, 살아도 산 게 아니리라.

이렇게 글을 쓴다는 건, 누군가 읽어주길 바라는 것이겠지만, 그렇다고 꼭 그러길 바라는 것도 아니다. 지금, 이 순간이 나 자신의 가장 맑은 상태이며, 내 생각을 뚜렷이 직면하는 때라고 믿는다. 여기까지 오기 위한 과정이 존재한다. 어쩌다 보니 우연히 여기에 닿은 것이 아니다. 나름의 계획과 결단이 있고, 일정한 수순手順이 있으며, 상당한 노력과 실천이 있었다. "못다 핀 꽃 한 송이"란 노래의 가사처럼, 펴보기도 전에 시들고 마는, 그런 존재가 나였던가? 세심히 준비하는 시간이 있어야 하고, 모든 감각을 동원해 충분히 느껴야 하며, 의지, 덕德, 배려 등을 가지고 결국, 결국은 용기 내어 시도해야 한다. 그래, 뭐든 해보자.

신파조가 되어가는 듯하여, 펜$_{pen}$을 바꿔본다.

나는 무지개를 기다리고 있다. 아니 무지개를 간절히 기다리는 내가 있다고 말하는 것이 좀 더 정확하겠다. 비가 내린 후 해가 나오면 창밖을 보며 무지개를 찾곤 한다. 운 좋게 무지개를 보게 되는 날엔 N에게 전화를 걸어 소식을 전한다. 자연의 신비를 탐구하는 생태학자라도 된 양, 무지개의 매력에 흠뻑 빠져있다. 화려한 색상의 색연필을 바라보며 설레었던 어린 시절. 색칠 공부 놀이는 나이가 많이 든 지금도 왠지 재미있을 듯하다. 그런데 왜 내 기분은 나아질 기미가 보이지 않는 거지? 차분하고 선선한 기분, 그 기분을 찾고자 여기에 나와 앉아있는데 말이다. 창밖으로 보이는 하늘은 파랗고 그 안의 구름은 희다. 비록 머릿속은 어수선하지만 차려입고 나와 고독한 척, 고고한 모습으로 명상에 잠겨 있는 사람, 그게 지금의 내 모습이다. 몇 가지 날 괴롭히는 일들이 있었지만, 결국 다시 본연의 나로 돌아와 이렇게 글을 쓰고 있는 지금 시간은 12시 40분. 오늘은 좀 뒤늦은 감이 있다.

 10. 7.

동기부여의 중요성

am 9:28에 투썸 고촌점에서 씀

익숙한 길을 벗어나 일탈逸脫을 감행했다. 모자를 눌러쓰고, 분리수거를 하러 갈 때의 패션으로 휘적휘적 발걸음을 옮겼다. 세상이 느리게 움직이고 있는 오전 시간, 왠지 모를 불안감에 집을 나섰다. 어디서나 비슷한 맛의 아이스 라테ice latte. 그런데도 점점 맘에 들어가는 투썸. 이 장소도 내 리스트list에 넣어둔다. 처음 고촌에 투썸이 생겼다는 소식을 듣고 장사가 잘될까, 반신반의했었는데, 지금은 지역경제 활성화에 앞장서는 독보적 업소가 되어버렸다. 이곳 덕분에 차로도 20분 걸리는 김포한강생태공원점 할리스에 가지 않아도 된다.

오늘은 왠지 나사 하나가 빠져버린 느낌이지만 애써 고치고 싶지 않다. 여름밤 모기떼불필요한 상념, 머리 복잡해지는 잡념와 같은 불편함은 있지만, 물파스와 모기향 정도맘이 안 좋을 때 찾는 매뉴얼의 대응이면 충분하다.

작가? 롸이터writer라... 그것도 재미있겠다. 어제까지는 공인중개사 시험 준비를 위해 인터넷과 전화로 정보 알아보며 부산을 떨었지만,

지금은 언제 그랬냐는 듯 관심이 사라졌다. 이번엔 또 뭐가 하고 싶은 건지. 변덕이 죽 끓듯 하는 나. 생각만으론 뭘 못하겠는가. 이렇게 또 한 계절을 보내고 있다. 늘 생각하지만, 역시 뭔가를 시작하려면 확실한 동기부여가 필요하다.

찌질이 같은 현재의 나를 누가 구해줄까? 또 날 질책하고 자책해야 하나? 길고 지루한 사색과 고민이 있을 뿐, 난 헤어 나오지 못하고 있다. 그냥 기다리면 물 흐르듯 고민이 해결되리라고 낙관하는 게으름뱅이. 어쩌면 그런 게으름 덕에 기계적으로 주어지는 하루를 버텨나가고 있는지도 모른다. 무언가 시작하고 배워보려는 몸부림이 내게는 없다. 운동선수들이 말하는 소위, '헝그리 정신'이 필요한 건지도. 하긴 먹고 살기 위해 무언가를 찾아야 하는 절박함이 없으니 당연한 것일 수도 있다.

남아 있는 내 인생, 대략 30년을 어떻게 꾸려나가야 할까? 전문가와의 상담도 도움이 될 수 있겠다. 그런가 하면 꼭 무언가를 하고, 배우고, 새롭게 시도해야만 하나? 라는 생각도 든다. 더 쉬운 길, 편한 인생이 나쁜 건 아니지 않나? 내 안에 두 존재가 있는 것처럼, 스스로 묻고 답변하고 의문을 제기하는 일은 비생산적이다. 아니 도대체 생산적인 것과 비생산적인 것을 구분하는 기준은 뭔가? 객관적인 기준이 있는 것이 아니고, 주관적인 것이라면 효율적이고 생산적인 삶을 살겠다고 자신을 괴롭히는 것도 우스운 일일 것이다. 잠시 멈춰 무지개를 그리며 하늘을 바라본다. 파란 하늘에 흰 구름, 그리고 새들이 날고 있다. 저 새들과 구름은 그냥 거기에 있다. 언제든 올려다보면 항상 그 자리에 있다. 내가 의식하고 바라보지 않아도 그것들은 그렇게 그 자리에 있었을 것이다.

또 새로운 계절을 맞이하며 사람들은 분주하다. 바람과 추위를 피해 긴소매 옷을 준비하고 작은 온기라도 얻고자 해가 드리워진 곳으로 발길을 돌린다. 오늘 아침에는 안개가 자욱했다. 이 역시 가을을 알리는 전조현상이겠지. 가을을 맞이하는 데 명분이나 자격이 필요하진 않겠지만, 나도 몇 벌의 새 옷을 장만했다. 새 옷을 예쁘게 입으려면 다이어트가 필수인데, 오늘은 운동도 빼먹었다. 간헐적 단식이라도 해야겠다.

남들은 1분 1초를 아까워하며 열심히 살아가는데, 어떻게 하면 지루하지 않고 재미있게 지낼지를 고민하는 나를 보며 스스로 놀라기도 한다. 그래서 어쩌라고? 나도 그렇게 살아야 한다고? 다람쥐 쳇바퀴 돌 듯 살아가는 이들의 기준에 날 맞추라고? 하고 싶은 말이야 많지만, 매번 속으로 삼키고 만다. 내 특기이자 자기방어 기술이다. 독선, 아집, 편견, 오만이라고 해야 하나? 내가 그렇다. 적당히 타협하는 법을 모른다. 사실은 아무것도 없더라도 누구에게도 만만히 보이지 않을 수 있는 전략과 전술이 나에게는 있다고 믿는다. 글 쓰는 게 이처럼 사람을 기분 좋게 하는 일인 것을 몰랐다. 모르고 살아온 시간이 아까울 정도다.

요즘 한동훈 법무부 장관이 멋있다는 생각을 한다. 어떤 공격도 다 받아친다. 조리 있고 논리적인 말로 상대를 이기고, 듣는 사람들의 공감을 이끌어 낸다. 이준석 전 대표도 그의 달변達辯으로 호감을 갖게 되었는데, 두 분의 치열한 논쟁을 볼 기회가 있으면 좋겠다. 누가 이길까? 그들의 공방에 우리나라 치안이 아젠다agenda로 등극하면 어떨까? 세계 제일이라고 하는데... 세계의 유명 도시들 대부분이 해가 지면 걸어 다니는 사람들을 보기 어렵다고 하고, 학교에서 총기 사건이 끊이지 않으며, 마약 관련 범죄가 넘쳐난다고 한다. 하긴 우리나라 청소년과 주부들에게도 마약이 퍼지고 있다고 하니 우리나라도 안전지대라고 할 수는 없겠다. 여성가족부가 존폐위기에 직면했다는 소식도 있고...

 10. 11.

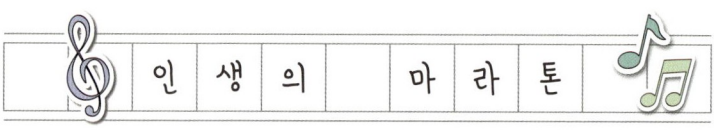

인생의 마라톤

am 9:31에 투썸 고촌점에서 씀

울 남편은 오늘 늦을까? 보통 늦는 날은 화요일과 목요일인데.

점핑라인, 저녁 7시 타임에 가서 한바탕 뛸 생각이다. 이 악물고 땀 뻘뻘 흘리며 음악에 맞춰 몸을 움직이는 일. 초기엔 30~40분 정도가 쉽게 느껴져 한 타임 더 뛰려고 했었다. 하지만 무리라는 걸 깨닫기까지 그리 오래 걸리지 않았다.

다른 곳은 창가에 앉으려면 경쟁이 심한데, 여기는 늘 여유가 있어 좋다. 오늘은 모처럼 7시까지 깨지 않고 잘 잔 날이다. 당분간은 내 삶의 조절과 절제가 필요하다. 카메라 앵글이 돌 듯, 투썸의 가장 아름다운 뷰view를 둘러본다. 그러나 이내 곧 다시 상념에 빠진 나는 시선을 창 너머 먼 곳으로 돌린다. 두런대는 사람들 사이에서 나만의 시각이 특별하다는 착각도 했었지만, 사실은 모두가 자신의 자리를 차지하고 자신의 이야기를 만들어 가고 있다. 나도 안다. 내가 많이 부족한 여자라는 걸. 그래도 날 모르는 타인들은 때로는 내게 아련한 시선을, 심하면 **추파**까지 던지기도 한다. 사랑한다는 말은 내게는 늘 어색하다. 옹졸하고 소심했던 내 과거가 그 원인이라는 생각도 든다. 서로의 출발점이 다르다는 것을 인정할 때에야 경쟁은 공정할 수 있다. 난 내가 있는 위치를 알지 못하고, 그저 생떼 쓰듯 달렸다. 아무도 나를 이해해 주지 않았다. 부모님도 예외가 아니었다. 나 자신의 가능성과 잠재력을 믿으며 자신에게 오랜 공을 들이는 것이 비효율적으로 보이지만 매우 의미 있는 일임을 깨닫는데, 참 오랜 시간이 걸렸다. 사랑도 그렇다. 사랑도 인내가 필요하다. 하지만 사랑을 사랑이라 부르지 못한다. 아직도 울 남편을 사랑한다 했더니 다들 비웃더라. 무슨 사랑 타령이냐고. 정으로 산다고들 하지만, 난 언제나 사랑을 갈구한다. 말하는 것도 듣는 것도 어색한 말, 'LOVE, loving you.'

누가 뭐래도 나는 흔들리지 않는다. 다시 말해 줄까? 넌 독선과 아집, 고독, 편견과 오만, 고집과 경멸이 뒤섞인 독종이라는 것! 그래도 괜찮다. 나에겐 든든한 북극성이 존재하고 있기에. 받는 것이 당연한 줄 알고 배려와 포용의 대상은 오롯이 자신이 되어야 한다고 믿는 이 세상 사람들. 어버이날, 스승의 날, 부부의 날 등 뒤지게 고마워하라고 날짜까지 정해 놓았다. 생각해 보니, 나에겐 의지할 선배도, 존경하는 스승도, 하다못해 마음보여 줄 수 있는 동기도 없다. 젠장, 그 흔한 인간관계 하나가 없네. 욕이라도 해야 할 타이밍인가?

지금의 시간과 공간이 그나마 부드러워진 느낌. 난 우주과학에 관심이 많다. 빅뱅 이론, 초신성, 블랙홀, 상대성 이론, 양자역학, 초끈이론 superstring theory 등. 우주를 향해 로켓을 발사하고 한 좌표에 도달하도록 계산하는 것은 수학자들의 몫이다. 우주의 광대함과 아름다움을 즐기기 위해서는 지루한 수식 계산이 전제되어야 하는 거다. 내가 쓸 줄 아는 한자는 내 이름, 이선희李善熙, 축 결혼祝 結婚, 부의賻儀, 이렇게 세 단어가 다다. 이 세 개의 한자어만 쓸 줄 알아도 사회생활에 문제가 없었다. 그런데 요즘같이 필요한 문구가 봉투에 찍혀 나오고, 축의금과 조의금을 계좌로, 핸드폰으로 보내는 시대에는 이 세 단어도 필요 없을 듯하다. 예전엔 책이나 신문이 세로로 인쇄되어 나왔다. 나도 이제 옛날 사람이 된 건지, 세로로 읽는 게 편하다. 어릴 때는 하루라도 인쇄물을 읽지 않으면 견디지 못했다. 중학생 때는 하이틴 로맨스와 할리퀸 로맨스를 주로 읽었는데, '나의 라임 오렌지 나무' 읽고 엄청나게 울었던 기억이 있다. 내가 감성적인 사람이 된 데에는 타고난 것도 있겠지만 끊임없이 읽어댔던 소설들의 영향도 컸으리라. 지금은 소설을 안 읽게 된 지 10년이 넘었고, 시사저널이나 이코노미스트 같은 인쇄물을 읽기를 즐긴다.

쓰다 보니, "그래서 어쩌자는 건가?"라는 생각이 들어 요즘 이야기 몇 가지로 글을 마무리해야겠다. 요즘 다행히 코로나COVID-19 확진자는 줄어가는데, 독감이 성행하고 있어 두 가지 백신을 모두 맞아야 한다. 러시아 푸틴의 자존심이라고 할 수 있는 크림 대교를 우크라이나가 폭파했다는 의혹이 제기되었다. 분노한 푸틴이 이에 대한 보복테러를 감행한다고 하는데, 핵무기는 제발 생각도 하지 말아주길. 자칫하면 제3차 세계대전이 일어날지도 모른다. 그럼 너나 할 것 없이 공멸하는 거다. 아, 그리고 전북 무주에 사는 가정에서 가스 질식으로 사상자가 발생했다는 뉴스를 봤다. 세상 돌아가는 게 심란하다. 우리 시댁이 무주에 있는데...

10. 12.
mon tue (wed) thu fri sat sun

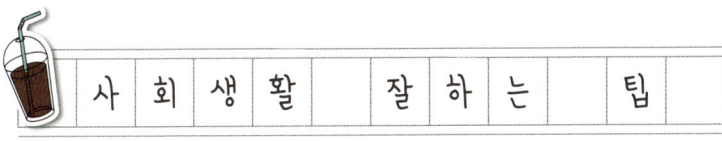

사 회 생 활   잘 하 는   팁

am 9:21에 투썸 고촌점에서 씀

창밖을 내려다본다. 무엇엔가 쫓기듯 발걸음을 옮기는 사람들, 제법 쌀쌀해진 날씨에 든든한 옷차림들도 낯설지는 않다. 공사가 한창인 옆 건물을 배경으로 꽤 근사한 사진 속 풍경 같기도 하다. 햇살이 아직은 넉넉하지 않다. 그래도 오늘 하루를 시작하는 데 지장 없는 아침 공기다. 커피숍 안엔 나 혼자다. 내가 첫 손님? 카리스마 넘치는 바리스타는 오늘도 냉랭하다. 눈길 한 번 정도는 줘도 괜찮을 텐데. 그래도 난 소비자니까, 가격 다운_{down}을 위해 텀블러를 꺼내 들었다. 결과는 300원 할인.

어제도 새벽 3시 반에 깨었다. 인썸니아_{불면증, Insomnia}가 생겼나 보다. 다행히 다시 잠들었으니, 아직은 크게 걱정할 필요는 없다. 오늘은 숙면할 수 있으면 좋겠지만, 아니어도 호들갑 떨고 싶지는 않다. 그나저나 내 몸무게는 어찌 되고 있는지. 줄기는 했을까? 그렇다고 체중계에 오를 자신은 없고. 슬쩍 올라가 볼까? 실망스러운 수치라면?

안정적인 수치면? 실망하고 싶지도 않고, 성취감에 더 나를 몰아세우는 것도 좋진 않고, 당분간 이렇게 기대 섞인 상상을 즐기기로 하자. '루즈 웨이트lose weight~, 골다공증의 공포와 근력 저하의 악순환이 계속된다 해도 절대 포기할 수 없는 루즈 웨이트~'

쫄쫄이 프로젝트[1]와 평평브라더스[2]를 항상 의식해, 과자 한 조각도 멀리해야만 한다. 오늘은 검은 투피스를 입었다. 타이트tight한 소재라 몸에 착 붙는다. 다행히 블랙black이라 굴곡이 그다지 드러나지 않는다. 가방으로 슬쩍 가려주며, 타인의 시선이 내 허리에 머물지 않을 거라 나 자신을 다독인다. 한 팀이 들어왔다. 더는 혼자만의 공간이 아니라는 것이 좀 거슬린다. 좀 더 구체적으로 말한다면, 짜증이 나지 않는다고 말할 수 없는 상태가 되었다. '짜증 나다'의 사전적 의미는 "마음에 탐탁지 않아 역정이 나다"이다. 일명, '마·탐·역', 역정이 나는 정도는 아닌데, 마음에 탐탁지 않은 건 맞고...

내 고지는 어디쯤인가 생각해 본다. 어디까지 올라갈 수 있을까? 안나푸르나Annapurna를 떠올려 본다. 뭔가 아득하다. 포기하지 않고 하나씩, one by one, 해나가면 결국 도착하겠지. '말이 쉽다.' 하겠지만, 그래도 꿋꿋하게 가보리라.

"자신의 감정에 솔직해야 마음이 편하고, 눈치 안 본다."라는 말이 있다. 사실 방금 내가 생각해 낸 말이다. 누군가 먼저 한 말일 수도 있고. 하지만 눈치 게임의 연속인 세상살이에서 늘 고배를 마시는 나는, 사람들의 웃음거리가 되고 날 얕보는 이들의 먹잇감이

1. 배가 평평해지는 효과를 기대하며 강박적으로 쫄쫄 굶는 것
2. "평"이 찍힌 글자가 두 개니 "평평브라더스", 아랫배가 평평해지도록 관리하는 것

된다. 과거엔 나름 똑똑하고, 속마음을 잘 표현하던 나였었다. 그래서 내가 나에게 나만의 팁tip을 제시한다. 우선 시댁 식구와의 소통에 어려움이 없고 능숙하게 대처한다면, 사회생활도 문제가 없다. 그만큼 시댁과의 관계와 소통은 난이도難易度가 높다. 본래 사람을 대하는 일이 가장 어려운 법이다. 처음 결혼했을 때 시댁 식구들의 극성스러운 신고식이 기억난다. 나도 모르겠다. 염병, 당사자들도 마음 편할 리가 없지. 난 그저, 계속 모른척한다. 진짜 모르는 건지 혹은 그러는 척하는 건지, 그들도 나 때문에 머리 좀 아플 거다.

라테latte 한 잔을 다 마셨다. 어제는 공인중개사 설명회를 다녀왔다. 마음에 안 든다. 강사가 직접 가르치는 게 아니라, 노량진 학원의 강의를 실시간으로 중계하는 형식이다. '결국, 돈지랄이다.' 잡다한 것, 몇 개 챙겨주면서 종용하고, 지랄 맞다. 먹고 살려고 별짓 다 한다. 그래도 빨리 결정하고 공부에 전념해야지.

일기를 쓰기 시작하면서는 내가 좀 냉랭하고 담백해진 듯싶다. 마음에 든다. 오늘 일정을 정리해 본다. 분리수거 하는 날이니 쓰레기를 정리하고, 점심은 최대한 간단히, 저녁은 간헐적 단식으로 생략. 영풍문고 들러서 공인중개사 책자 구매해야 하고, 노트북으로 뉴스도 체크check해야지. 울 남편이 늦는 날이니 저녁 7시에는 운동하러 갔다가, 남은 시간에 2시간 정도 컴퓨터 공부를 해야겠다. 가만, 영등포 지하상가 가서 옷 구경 좀 할까? 아니다. 온라인으로 구경하는 게 낫겠다. 부동산에 가서 이사 갈 것인지, 좀 더 살지 상담도 해야 한다, 가는 김에 부동산 옆의 '당신의 베이커리'에서 무화과 빵도 사야겠다.

나란 사람에 값을 매긴다면 얼마나 될까? 많은 사람이 물건에 관한 이야기를 항상 '얼마냐?'로 시작한다. 돈에 매여 살아가는 사람들의 전형적인 모습이다. 모든 것을 값으로 평가하고 판단하는 사람들. 그리고 여전히 분주하게 오가는 창밖 사람들. 그들의 모습을 한동안 관찰한다. 제3인칭 관찰자 시점으로 보는 것이다. 이 관찰자 시점은 사람을 참 무디게 한다. 혹여, 나 역시 누군가의 시선 안에서 움직이고 있는 것이겠지 라는 생각은 좀 미련스러운 것 같기도 하다. 조금 전보다 햇살이 더 그윽하게 펴지고 있다. 미국에서 우크라이나에 지대공 미사일 배치를 도와준다고 하고, 러시아 푸틴은 예비군을 전투에 합류시키려고 하니, 이에 반발해 블라디보스토크Vladivostok에서 요트를 타고 동해상으로 도망쳐 온 사람들, 그러나 우리나라는 받아주지 않았다. 코로나 확진자는 만 명대로 떨어지고, 무주에서 일가족이 일산화탄소에 질식사했다고 한다. 여성가족부를 폐지하네, 마네 말이 많다. 제1세대 아이돌 그룹의 멤버 OOO이 음주운전 후 측정을 거부하다 구속되었다. 유니세프에서 물이 부족한 아프리카 난민에게 오염수를 정화해 주는 알약을 보내자고 만 원씩 기부하라 한다. 동참하고 싶은 마음은 있지만, 정말 그곳에 도움의 손길이 가는지 의심스럽다. 슈바이처, 나의 롤 모델role model이다. 이번 생을 틀렸지만, 다음 생에선 의사가 되어 북한과 캄보디아 등에서 의료 활동을 하고 싶다.

10. 13.
mon tue wed (thu) fri sat sun

| | | 정情 | 과 | | 위 | 너 winner | |

am 9:45에 투썸 고촌점에서 씀

라테latte 한 모금이 이렇게 달콤할 줄이야. 마른 입안을 촉촉이 적셔 준다. 모든 게 마음에 쏙 드는 날. 홀 구석구석을 맴돌 듯 흐르는 음악, 깔끔하게 정돈된 테이블. 우리 강아지를 떼놓고 나오는 게 좀 미안했지만, 컨디션도 좋다. 하루 일정을 스캔해 보니, 어제처럼 답답한 일은 없을 듯싶다. 손이 거석 해서[1] 핸드크림 살짝 바르고 싶긴 한데, 오늘 아침 같은 일상이라면 더 바랄 것은 없다. 어제는 치팅데이cheating day였다고 치고, 오늘부터 다시 간헐적 단식 돌입이다.

오늘은 절친과 약속appointment이 있는 날이다. 꾸미고 나왔지만, 화룡점정畫龍點睛은 가볍게 눌러 쓴 하얀 야구모자. 날 돋보이게 해주는 아이템이라 믿는다. 여기서 10시 반에 출발해 '엄마의 봄날'에서 예쁜 점심을 먹을 예정이다.

폭풍우는 지나갔다. 태풍의 눈인지는 모르겠으나 어쨌든 고요하다. 토네이도에 갇힌 듯

1. "거석 하다" - "무엇 하다"의 전남 방언.

정신을 차릴 수 없을 만큼 동요가 심했다. 머리가 하얗게 되고 일은커녕 숨쉬기도 버거워 나 자신을 존재의 굴 안으로 밀어 넣었다. 정신을 차려 보니 아차! 혼자만의 폭풍이었다. 젠장, 되는 일도 없고, 속이 짓무르듯 아파져 왔다. 출구, 엑시트$_{exit}$를 찾아라. 지령이 떨어진 듯, 동분서주 왔다 갔다, 나 자신이 마구 흔들렸다. 정신을 붙잡고 매뉴얼$_{manual}$을 뒤져 봤지만, 이번 폭풍은 이례적으로 강했다. 어쨌든 지금은, '후~'하고 한숨을 돌린다. 난 자긍심을 갖고 사는 사람이다. 자아도취라 말해도 할 수 없다. 난 이런 내가 좋고, 이런 삶이 더 신나니까. 자긍심은 내 삶의 활력을 되찾아 주는 힘이 있다. 뭐라 설명하긴 어렵다. 예를 들어, 사랑한다는 말은 형용사인가 동사인가를 따지지 말고 각각 제 갈 길로 가면 된다. 그래도 아직 세상에 사랑이 남아있어 다행이다. '사랑'을 옛날엔 다솜, 연모, 사모. 이런 식으로 불렀다지. 뜬금없는 사랑 타령이다 싶지만, 울 남편과 나도 사랑으로 엮이고 정으로 통했다. 지금은 정$_{情}$. 국민 간식 초코파이 박스$_{box}$에도 새겨져 있는 한 글자, '정'! 사전적 의미로는 "① 느끼어 일어나는 마음, ② 돌에 구멍을 뚫거나 돌을 쪼아서 다듬는 연장"이라고. 내면의 폭풍을 지나 고요함 속에 내 생각이 멈춤 지점이, 바로 정!

이른 점심을 11시경에 먹고 바로 간헐적 단식에 들어간다. 쫄쫄이 프로젝트 돌입이다. 언제쯤 루즈 웨이트$_{lose\ weight}$의 압박에서 벗어날까? 몇 년을 영어 공부에 매진했던 때, 그때의 인내심이면 될까? 아니 더하면 더했지, 덜하지는 않다. 세간의 이목을 집중시키는 데 성공하고 나면, 그다음은 자기 관리 차례다. 갈고 다듬고 염력도 써보리라. 의지가 약하거나 상황이 녹록지 않으면, 결국 나 자신을 달달 볶아 댈 수밖에. 그것이 내가 쓸 수 있는 마지막 카드이다.

난 누구인가? 무엇을 얻고자 이리 버둥거리는가? 무엇으로 살아가는가? 나를 자꾸 건드리는 이유가 뭔데? 서로 윈윈하자고? 누구 맘대로? 내 허락도 없이? 많이 열 받는다. 내 걱정과 불안은 어디를 향하고 있는지, 그 타깃target을 알 도리가 없어 우리 강아지에게 물어보기로 했다. 강아지도 대답이 없어 더 곤혹스럽다. 세상은 말이 없다. 우리 강아지처럼, 이 세상은 아무 대답 없이 날 막막하게 만든다. 그래서인지 미스 유니버스 선발대회에 선 그녀들은 마음으로 준비한 말을 꺼낸다. 그녀들이 외치는 'world peace세계 평화'는 왠지 공허하게 들린다. 세상은 만만치 않더라. 나처럼 심신이 약하고 사회생활도 서툴고, 시댁 식구들 챙기면서도 그 중심에는 끼지 못해 겉도는 이는 프리미엄급 루저loser다. 난 '루저'라는 단어를 좋아했다. 그래서 자주 말하곤 했다. "난 루저야! 약이 날 이렇게 만들었고, 부모님도 날 이렇게 키우셨지." 하지만 난 지금 말한다. "아냐! 아냐! 난 위너winner야. 승리자. 모든 역경을 극복하고, 만족스럽진 않지만, 나름대로 열심히 살았다 자부하며 마지막엔 웃을 수 있어. 내가 날 아끼듯, 남도 날 아껴줬으면 해. 이런 사람, 저런 사람, 많은 사람을 유형별로 구분하고, 나이로도 나누지만, 나는 나라고."

10. 14.
mon tue wed thu (fri) sat sun

권태로운 시視공空간間

am 11:48에 김포한강생태공원점 할리스에서 씀

이곳은 주차비를 받지 않아서 좋다. 음악도 잔잔히 휘감아 돌고, 홀도 정갈해서 고즈넉한 느낌이 좋아. 약간의 긴장이 내 몸을 감싸고 돈다. 운동을 심하게 해서 그런가? 이렇게 매일은 못 할 것 같다. 월, 수, 금만 하는 것으로. 너무 무리하니 약도 몸을 컨트롤_{control} 못 해 깊은 잠을 못 자는 듯 싶다. 1시 30분에 보험설계사와 약속이 있다. 벌써 피곤하다. 자고 싶다.

다시는 OO동에 가지 않겠다. 그들의 바람대로 해주리라. 나도 그게 편하니, 얼쩡거리지도 않겠다. OO동 할리스가 아쉽겠지만. 고촌에서도 이제 나를 볼 수 없을 것이다. 당분간 자숙해야지. 벌써 10월 중순이다. 지금도 기억하고 있어요. 시월의 마지막 밤을~~. 이용의 '잊혀진 계절'을 흥얼거리며 시월의 마지막 밤을 보내곤 했다. 위드_{with} 울 남편. 아! 왜 이렇게 졸리고, 피곤하고, 눕고만 싶지? 울 남편은 날 묶어두고 싶은가 보다. 내가 이 시공간을 이런 모습으로 채우고 있는 이유? 우주과학을 연구하면 해답을 알 수 있을까? 이 우주, 마치 블랙홀에 갇힌 듯 그저 바라만 볼 수밖에 없는 나의 '시공간視空間'.

10. 15.
mon tue wed thu fri (sat) sun

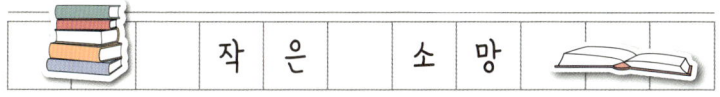

작 은 소 망

김포한강생태공원점 할리스에서 씀

여기까지 오는 발걸음이 절대 가볍지 않았다. 크게 앓아누울 뻔했는데, 어찌 어찌해서 이 자리까지 왔다. 뭐가 이리 컴플리케이티드 complicated 한 걸까? 이 과정을 몇 번이나 더 거쳐야 편한 날이 올까? 불씨가 사그라질 법도 한데 도무지 꺼질 기미가 보이지 않는다. 자! 마음을 편히 갖자. "Take it easy, Relax." 머리와 가슴이 따로 놀아, 아무리 노력해도 정리되지 않는다. 무엇엔가 빠져보는 것도 괜찮다 싶어, 꾸역꾸역 가고 싶지 않은 운동을 하러 갔다. 좋았다. 효과가 있었어. 허나 임시방편 臨時方便 이다. 근본적인 해결책이 필요하다. 잡채를 만들 거다. 제일 자신 있는 요리다. 정성을 기울이지 않은 밥상은 외면받기 일쑤라, 약간의 정성을 조미료처럼 뿌려보려 한다. 그러면서 내 존재의 의미에서 시작하여 정체성도 들먹거리고, 나르시시즘에 빠진 나에게 측은지심을 느끼며, 독선, 아집, 고집에 대해서도 논해볼 것이다. 우선 나란 인간은 왜 이토록 처량하고 우습게 되었나? 모든 것은 내 탓인가? 그래서 더 착하고 예의 바르고 멋지고 썩 괜찮은 인간이라 칭찬받길 원하는가? 정녕? 제3자의 시점에서 보면 인생은 참

단순해 보인다. 어리석게도 타인의 덫에 걸려 버둥거리는 자태마저, 멀리서는 아름답다 칭송할 수 있을지도 모른다. 하지만 세상은 겉모습과 달리 내면의 갈등이랄지, 내 모습 그대로가 아닌 낌새, 눈치 등, 보이지 않지만 중요한 것들이 있다. 난 그걸 잘 못 하겠던데.

학계에도 알려지지 않은 약의 부작용일지 모르겠지만. 아마도 내가 시간 여행자, 타임 트래블러$_{\text{time traveler}}$이기 때문일 것이다. 이런 무리수를 두면 자신을 좀 위로할 수 있지 않을까? 암튼 난 좀 머저리 같은 기질이 있나 보다. 무엇이든 잊을 수 있고, 갈아 마셔도 개운치 않을 원수조차 연민의 시선으로 바라보는, 초라한 파장만이 느껴진다. 도대체 내가 궁극적으로 원하는 것은 무엇인가? 내 존재의 의미는 해결할 수 없는 난제일 뿐인가? 그래도 이 종이 위에선 뭐든 가능하다. 무엇이든 소유하고, 어떻게든 휘두를 수 있다. 하지만 현실은 다르다. 완전한 '바보 선언'. 이 족쇄에서 자유로워지고 싶다. 도저히 '나'라는 인간을 적응시킬 수 없다. 꾸준히, 매일, 매사에, 조금씩 나를 갉아 먹듯이, 그렇게 겉돌고 있다. 센터가 될 수 없는 가장자리를 맴돌기만 하는 사이드$_{\text{side}}$ 인생이다. 세상이 날 몰라 준다고 불평할 수도 없다. 이미 내가 놓아버린 것을 어찌 되돌릴 수 있겠나? 어불성설이다. 그러니 내가 숨 쉬고, 움직이고, 판단하고 비판하며 나 자신을 마음껏 펼쳐 보일 수 있는 이 일기가 내겐 축복이다. 참된 자유를 그토록 갈구해 보지만, 그저 사랑받고 싶다는 작은 소망만을 흩뿌린다.

10. 17.
mon tue wed thu fri sat sun

| 일 | 기 | 를 | | 쓰 | 는 | | 이 | 유 | |

pm 1:31에 김포한강생태공원점 할리스에서 씀

창가 자리를 잡다니, 운이 좋았다. 창밖은 울긋불긋 단풍이 들어 있다. 새로운 계절을 맞이할 준비가 아직 되어있지 않은데 좀 성급하다는 생각. 그래도 오늘 이 자리에 앉을 수 있어 감사. 무슨 법칙이라도 있는 듯, 응달과 양달이 3:7 비율로 자리 잡았다. 오후 1시 31분, 방탕하게 탕진한 오전을 뒤로하고 헐레벌떡 달려와 이 자리에 꽂혀있다. 이런 일정도 괜찮다. 운동 다녀와서 한잠 자고 화장하고 부랴부랴 밟아 온 길. 그런데 뭔가 뒤가 구리다. 젠장, 되는 일이 하나 없다. 로또라도 맞았으면 좋겠다. 인터넷으로 주문한 옷들의 배송이 늦어지고 있다. 야구 모자도 구입할 생각이다. 블랙과 네이비로. 이렇게 뜬구름 잡듯 세월을 보내도 되는 건가? 진정 나에게 주어진 시공간視空間을 이렇게밖에 채워나갈 수 없는 건가? 안다 나도. 나의 나약함을, 우주 안의 점 하나밖에 되지 않는 지구라는 별, 그 안에서 티끌 같은 존재인 내가 무얼 한들, 이 우주에 흔적 하나 남길 수 있겠는가? 그것이 이 일기를 쓰는 이유이다. 나 같은 미묘한 존재가 반기를 들어 나라는 사람의 족적足跡을 새겨, 이렇게 사는 인간도 있구나, 보잘 것 없지만 무언가를 남기고 싶어 앙탈하는 생명체도 있다는 걸 알리고 싶었다. 물론 나사NASA에서 우주선을 띄워 인간이 듣는 음악을 어느 외계인이 운 좋게 접수할 수 있을 것이라는 희망으로 안고 쏘아대기도 하지만.

사방은 고요하고, 나는 마술 같은 공간에 갇혀 문을 찾아 헤매고 있다. 이 커피를 다 마시고 나면 내일 아침까지 또 간헐적 단식에 들어간다. 돈은 벌지 못하고 쓰고만 있다. 심한 죄책감이 스며든다. 그래도 옷이랑 화장품은 모아 놓은 내 돈으로 사고 있다. 뭐가 문제지? 돈 쓰는 거 외에 내가 할 줄 아는 게 뭐가 있나? 도무지 집중이 되질 않는다. 이 생각 저 생각... 그래도 내가 뭔가를 쓰고 있다는 것이 다행이다. 모든 게 귀찮다. S 친구는 늘 일하기 싫다고 하는데, 내가 보기엔 그래도 꼭 붙어 있어야지, 어딜 나와?! 다들 직장 못 구해서 난리인데. "헐~, 시월도 절반이 지나갔다." 그리고 오늘은 월요일, 한 주의 시작... 그런데, 이렇게 널브러져 있어선 안 되지. 정신 차리자!!

자, 내가 할 수 있는 일들을 하나씩 생각해 보자. 무엇을 말해볼까? 내 존재의 이유? 참을 수 없는 존재의 가벼움? 자주 찾아오는 동기부여의 소리 없는 아우성? 상큼한 오후의 시작, 공기는 맑고, 홀 안 사람들도 북적이며 즐거운 분위기를 만들어 주고 있지만, 이 이율배반적인 모순덩어리들을 감히 들먹거려 본다. 그리고 일단은 이 흥에 주목하려 한다. 이 작업이 우선되어야 한다. 왜냐? 현실에 녹아 사는 우리의 과제에 충실해야 하기 때문이다. 요즘 내 삶의 루틴은 괜찮은가? 밤에는 자다 깨다의 반복, 아침엔 울 남편 출근 준비하는 거 보다가, 가고 나면 컴퓨터를 켜고 컴활[1] 문제 몇 개 풀다 운동가고, 운동 다녀와서 낮잠 한숨, 일어나 점심 먹고, 씻고 운전해서 이곳으로 직진. 그리고 주어진, 카페에서의 2시간이라는 시공간에 부리나케 탑승, 외면하고 싶은 추태들을 버겁게 떨쳐 버리고, 오직 내 존재의 이유, 동기부여, 삶의 의미를 곱씹다 솔드 아웃 sold out! 합기도~ 합! 두 손 모으고 기합소리 낸 후, 독실한 신자였던 시절에 외운 주기도문을 읊어본다. 하늘에 계신 우리 아버지, 아버지의 이름을 거룩하게 하시며...

홀 안 사람의 웅성거리는 소리가 들린다. 난 말하는 게 싫다. 수다 떠는 것도. 혼자 글 쓰는 일이 내가 하고 싶고, 해본 것 중 더 해보고 싶은 일이다. 누가 나한테 오백만 아니 천만 원만 준다면 백이랑 옷이랑 신발이랑 사러 다니고 싶은데, 화장품이랑 자동차랑 김치 냉장고도 사고, 무선청소기, 건조기, 로봇청소기, 공기청정기... 아무래도 모자라겠지? 사람이란 참 구차한 생물이다. 돈 때문에 울고 웃는다. 롯데몰이나 가볼까? 몸매를 완성하고 싶다. 예쁜 옷 맘껏 사서 맘껏 입기 위해서라도. 기분 완전 업$_{up}$. 사랑했다. 나 지금 굉장히 업된 상태다. '훗', 누가 보면 또 조울증이라 하겠네.

1. 컴퓨터 활용능력

	10. 18.			
mon (tue) wed thu fri sat sun   **10**

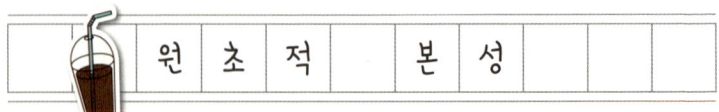

| | 원 | 초 | 적 | | 본 | 성 | | |

pm 1:05에 김포한강생태공원점 할리스에서 씀

두런두런, 참 말들 많다. 오늘 내 패션, 별로 맘에 안 든다. 홀hall 안은 단조롭지만, 어찌 보면 단란해 보이기도 한다. 머리가 맘에 안 들어 모자를 눌러 썼는데, 원하는 태가 나지 않는다. 옷을 너무 두껍게 입었나? 손등이 또 버석거려 핸드크림이 간절하다. 이렇게 부석거리는 느낌은 처음이다. 시력도 나빠져 여간 불편한 게 아니다. 이 커피만 다 마시면 또 간헐적 단식이다. 독해져야 한다. 마음 단단히 먹자. 과자 부스러기도 안 된다. 오늘 울 남편은 늦는 날이라 밤 11시쯤 들어온다. 아무리 생각해 봐도 컴퓨터 공부밖에 할 일이 없다. 어떻게 보내야 하나? 이제 겨우 1시. 계속 안 먹고 버틸 수 있을까? 오늘은 화요일. 월요일을 보내니 화요일이 도착했다. 오전은 어찌어찌 보냈는데, 여전히 너무 많이 남아있는 시간. 집에 강아지를 두고 왔다. 어제는 모처럼 깨지 않고 7시까지 깊은 잠을 자서 다행이며, 오늘도 꿈나라 열차, '은하철도 999'가 날 태워 가주길 기대한다.

울 남편이 날 냉대하는데, 내가 무엇을 잘못한 걸까? 무언가 들킨 건가? 나와 대화하고 싶지 않은지, 계속 TV만 본다. 야구 중계를 틀었다가, 다시 멋대로 뉴스로 채널을 돌려댄다. 집중해서 보고 있는데, 영화 미리보기로 돌리고 계속 리모컨을 가지고 분주하다. 나도 주말마다 컴퓨터 켜고 공부할 거야. 2급 과정 복습했으니, 1급 스프레드시트 spreadsheed[1] 도전할 거다. ITQ정보기술자격 공부도 다시 복습해야지. 책을 버려서 새것 사기는 뭐하고, 누구 빌릴 사람 없나? 커피잔을 흘긋 보니 얼음이 녹지 않은 시점에서 반이나 남아있네.

나는 패트리어트patriot, 그리고 국수주의자國粹主義者다. 대한민국을 누구보다 사랑하는 나, 나에게 한 번 기회를 주신다면... 나라를 위해 일하고 봉사하고 싶은데...

사실 난 나르시시즘에 빠져있는 회의론자에, 비관론자, 염세주의자, ROK Republic Of Korean의 독실한 추종자이다. 울 남편을 만나지 않았다면, 대한민국의 딸로 살았을 대한의 용사. 내가 좋아하는 노래는 '아~ 대한민국!'. 구구절절, 마디마디, 내 자긍심을 자극하며 내면을 희롱해 애국심을 건드리는 마무리. 사상교육을 받은 듯 굳게 믿고 따르며 떠받들고 사는 나를 아무도 안 알아주는 게 웃프다.

배가 고프다. 엄밀히 말해 속이 고프다. 술도 고프고. 이 허기를 어디서 채워야 하나? 독서에 굶주려 있는 내 독탐. 속독速讀으로 읽으면 한 권 분량은 한나절이면 끝낼 수 있다. 아니 있었다. 지금은 어떤 종류의 인쇄물도 소화하기 위해서는 이른바 '윤활유'가 필요하다. 속독은 책을 사선으로 읽는 독서

1. 컴퓨터용 회계 처리 프로그램.

법이다. 그래서인지 머리에 남는 게 거의 없다. 또한, 초超 집중력이 필요하다. 순진할 때에는 하라고 하면 그냥 했다. 그러나 지금은 남의 말을 쉽게 따를 나이가 아니다. 내 나이 50줄을 바라본다. 이 나이를 지천명知天命[1]이라 했던가. 즉, 하늘天의 명령命을 알게 된다는 뜻으로, 인생의 객관적이고 보편적인 의미를 깨닫게 되었음을 말하는 것이다. 하늘의 명이니 따르랴? 나에겐 해당 사항 없음이다. 어명御命이라면 모르겠다. 사극을 너무 많이 봤나? K-드라마, 난 별론데... 세상은 요동치고 항시 변하고 있다. 그래서 세상이 아니라, 변하지 않는 하늘의 명에 따르란 말인가 보다.

내 본성의 근원은 좀 '삐리리'하다. 나란 사람을 좀 들춰볼까? 강자에겐 약하고, 약자에겐 강하다. 독선과 아집, 독단과 편견, 오만, 베지테리언vegetarian을 이해 못 하는 육식파, 겉과 속이 너무 다른 인상파, 번지르르한 얼굴 덕에 점수 따고 들어가는 해프닝happening, 미련하고 눈치 없어 당하는 비웃음, 놀림의 대상, 주변을 전염시키는 자, 무서운 성격 파탄자... 그만하자. 이러다 종이 다 쓰고 하루가 다 가겠다. 성선설性善說과 성악설性惡說. 인간은 본래 착하게 태어났다는 설 vs 인간은 원래 악하고, 못되게 태어났지만, 교육을 통해 교화할 수 있다는 입장. 미안하지만 난 후자에 한 표 던진다. 내가 바로 그 성악설의 증거니까. 그리고 처참하지만 고요하게 죽음을 맞이하련다.

1. 출전은 논어의 「위정편」.

10. 19.
mon tue (wed) thu fri sat sun

	소	비	의			
		주	체	가	할	일

pm 12:30에 김포한강생태공원점 할리스에서 씀

녹록지 않다. 바깥 풍경이 말이다. 녹색 빛인데 청록색의 '록綠'자를 붙여 녹록지 않다. 푸르지 않다는 뜻이다. 집구석을 벗어나 정화된 모습으로 나왔다. 단정하고 단아한 자태로 앉아 있다. 늘 그렇듯 최애最愛인 이 자리를 선택했다. 글을 쓴다는 게 참 '거시기하다'. 정제된 느낌, 그을음에서 벗어난 느낌이다. 집구석에 강아지만 두고 빠져나왔다. 이 시공간視空間에서 내가 할 수 있는 게 이것뿐이라 좀 '쫄린다.'

홀 안은 늘 그렇듯, 평온하고 깔끔하다. 어느새 오전이 지나가고 오후에 접어들었다. 벌써 수요일. 분리수거하는 날이고, 대출이자와 월세 납입納入하는 날이다. 지금 테이블 위에는 필통, 안경집, 휴대폰, 음료, 휴지 쪼가리가 너저분하게 놓여있다. 매일 운동하고 식단대로 먹는데 몸무게는 도무지 줄 생각을 안 한다. 1시쯤 조각 케이크와 커피 한 잔을 먹어야지. 뭐 하는 짓인지. 매일 돈이나 쓰러 다니고, 하지 말라는 거만 골라 하고…

10. 20.
mon tue wed (thu) fri sat sun

12

숙 명 과   무無 신神 론論 자者

am 9:11에 김포한강생태공원점 할리스에서 씀

하루를 일찍 시작했다. 점핑라인이 쉬는 날이다. 자외선 차단 크림을 발라 다행이다 싶을 정도로 아침 햇살이 따갑다. 무언가에 쫓기는 사람마냥, 부랴부랴 밟았다. 억지로 써 내려가는 것은 아니다. 그래도 그래야만 할 것 같다. 혹시라도 나중에 M 교수님을 만나게 되면, 내 글을 보고 안심하시도록 열심히 갈고 닦으려 한다. 그래서 나를 조교로 채용하는 데 아무런 걸림이 없기를 바란다. 언제 어디에 내놓아도 부끄러운 존재로 인식되지 않게, 난 이런 사람이라고 당당히 들이댈 수 있게, 꾸준히 책을 읽고 글을 써야 하는데... 사실 인풋input이 모자란다는 건 인정. 그나마 이 일기를 통해 아웃풋output이라도 연마하고자 한다. 사람은 그래프graph의 곡선에 올라타 이리저리 돌아다녀야 한다. 내가 그런 사람이다. 오늘은 좀 끼는 옷을 입었다. 한껏 멋을 내고 나와 홀 안에 갇혀 흐르는 음악에 내 존재를 맡긴다. 혹자는 말한다. 만약 능력자나 숙련자가 되고자 한다면 항상 책을 가까이 두고, 항상 "why?"라는 질문을 던지며 문제 해결을 시도하라고. 옳소이다.

오늘 내가 몇 시간이나 집중력을 유지할 수 있을지 모르겠으나, 견디고 버티다 보면 좋은 결과가 따라오리라 믿는다.

때때로 혼돈에 빠진다. 무엇이 날 이끌어 줄지는 모르겠다. 세상의 멸시와 조롱, 원치 않는 결말을 마주할지라도 흔들리지 않는 굳센 의지만 있다면, 뭐든 될 것이다. 돈 버는 것도 좋은 일이지만, 마음의 양식을 가슴에 담는 것도 멋진 일이리라. 좋은 엄마가 될 순 없지만, 내조內助 잘하는 아내로 착한 며느리로 누릴 수 있는 복도 많다. 좋다, 마음 정했다. 그렇게 해내겠다. 두문불출杜門不出, 도대체 내 병의 끝은 도대체 어디일까? 제길, 이 이야기는 안 하는 게 좋겠다. 어차피 안고 가야 할 짐이니 말이다. 그만 주절거리고, 내 숙명에 관해 얘기해 보자. 아니 내가 도달하고 달성하고자 하는 삶의 목적에 대해 성찰해 보자. 기승전결 필요 없고, 정반합正反合 필요 없다. 바로 꽂아낸다. "죽지 못해 산다?" 한때 그런 적이 있었다. 그러나 이제는 아니야, 나 자신을, 그리고 주어진 상황을 극복할 수 있다고 믿는다. overcome, 극복. 내 존재가 "지금은 미약하나, 나중은 창대하리라!" 아직은 준비 단계다. 탄탄한 돌길을 차근차근 걸어가자. 비록 지금은 별 볼 일 없고, 사는 게 버겁지만, 나 자신을 숭배하며 나아가리라. 내 안에 묻혀 있는 고귀함을 축복하며… 그래, 내겐 독선과 아집이 있다. 그걸 역이용하자. 약간의 괴리가 있을지언정 얼마든지 좋게 포장할 수 있다. 그리하여 나의 지독하고 끈질긴 독선과 아집을 더욱 견고하게 구축하겠다. 내가 누구냐? 00여전 무역실무과 과수석으로 입학했던 나다. 상장은 버렸는데, 학교에 전화해도 졸업은 맞으나 수상 여부는 알려 줄 수 없다고 한다. 헐~ 한 마디로 증명할 길이 없는 게지. 좋다. 그 시절 같은 혼란과 방황은 더는 없을 것이다. 적어도 날 굶기지는 않을 고마운 남자를 만났으니까.

차가운 라테를 마신다. 자신에게 직구를 던져 본다. 무엇으로 살고, 무엇을 위해 살며, 무엇 때문에 사는가? 늘 의심하는 나에게 해 주고 싶은 말, '나를 믿자!' 왜 신을 믿는가? 무신론자면서도 성당에 가서 세례도 받은 나. GOD, 하나님을 왜 믿나? 너 자신을 믿으라고! 신부님께 묻고 싶다. 왜 이상한 가운을 걸치고 컵을 닦는지? 그리고 무엇을 위해 'Hymn찬송가'을 부르는지? 등등.

10. 21.
mon tue wed thu (fri) sat sun

13

무 지 개 를   찾 아 서

am 9:42에 김포한강생태공원점 할리스에서 씀

우리 강아지, '무주'가 있어 다행이다 싶다가도, 무주가 없어지면 어떻게 살까 걱정이 되기도 한다. 이런 내 마음을 무주는 알까? 요즘은 사료도 잘 먹고, 똥도 잘 싸고, 예뻐 죽겠다. 작은 너의 존재가 우리를 하나로 묶어주고, 행복하게 해준다는 사실을 너는 알고 있니? 보고 있는 그 순간도 좋지만, 놓치고 싶지 않다는 욕심까지 품게 하는 우리 무주, 나와 우리 집의 보물이다. 난 너에게 많은 삶의 영감을 얻는다.

오늘 하루도 잘 보내면 좋겠는데, 자신의 과거를 돌아보며 웃음 지을 때도 있지만, 그 과거로부터 도망치고 싶어 하는 사람도 있다. 난 어떤가? 이렇게 잘 지내는 것 같은데도 약을 끊을 수 없다니, 그것이 괴롭고 눈물겹다. 자신에게 너무 솔직해지면 주변 상황이 파악 안 될 때가 있다. 나의 서글픔과 속상함을 몰라주는 주변인들, 그들은 나와 다른, 틀린 건 아니지만 분명히 다른, 그런 족속들이다. 좀 걱정이 되긴 한다. 치매에 걸리거나 녹내장으로 불우한 노후를 보내게 되면 어쩌

나. 충실하게 살자. 그것이 답이다. 그런데 무엇에, 어떤 것에 충실해야 하나? 정답이란 게 있을까? 그저 내가 찾아가는 것이지.

가끔 무지개를 상상한다. 무지개 본 지도 오래되었다. 롤러코스터를 타고 엄청난 속도로 무지개를 넘어가는 내 모습을 그려본다. 오늘은 황금색 투피스를 걸치고, 마구 밟아 달려왔다. 여기까지 15분~20분 만에 도착했나 보다. 난 무지개로부터 이 자리를 독점하라는 지령을 받았다. 기분이 좀 '간간하다.' 짭조름하다는 뜻이다. 이 분위기와 흐르는 음악에 사로잡혀 있는 나를 발견하고 문득 놀란다. 지금의 시간과 공간에 점수를 준다면, 백 점 만점에 이백 점을 주겠다. 오해는 풀라고 있고, 이해는 설명하라고 있는 것이다. 풀지 않고, 설명하지 않는 관계는 살아있는 관계가 아니다. 홀로그램 hologram 같은 관계일 뿐. 울 남편과 나의 관계는, 오해, 이해 다 필요 없는 천생연분 天生緣分의 관계다. 그래도 울 남편이 날 의심할 때는 슬프다. 내 언행이 울 남편을 긴장시키고 불안하게 만드나 보다. 그래서 더 연민이 깊어진다. 나는 울 남편을 믿고, 지지해 주고, 때로는 뒤치다꺼리를 해준다.

언제쯤이면 나의 숙명인 영어와 컴퓨터를 마스터 master 할 수 있을까? 울 남편에게 그럴듯한 자격증 하나 내밀지 못하고, 이렇게 대접받는 게 미안할 때가 있다. 나도 안다. 내 그릇을. 울 남편도 알고 있을 것이다. 내가 별 볼 일 없는 존재라는 걸. 독서도 안 하고, 매일 강아지나 안고 허세 부리다가, 얌전한 고양이처럼 풀 죽어 살아가는 내 모습을. 나는 참 고지식하고, 미련하고, 그래서 스스로 부족하다는 것을 잘 알고 있다. 그래도 주변을 부지런히 살피며 살아간다. 내 주변, 소중한 가족들과 지인들에게 인정받고 싶고, 사랑받고 싶어서 말이다. 힘들고 난감한 상황을 마주할 때면, 난 그저 조용히 눈을 감고 눕는다. '요술공주 밍키'는 백 미터 달리기를 할 때, 신발에 무거운 쇳덩이를 달고 달린다. 워낙 능력이 뛰어나서 그렇게 해야 공평한 경주가 되는 것이다. 나도 그렇다고 생각한다. 약이 나를 무겁게 누르고 있어 빨리 달릴 수 없다. 차이가 있다면 난 '밍키'같은 능력자가 아니라는 거.

하나둘, 사람들이 입장한다. 연緣이 없는 인연들이 같은 시간, 같은 장소에 몇 시간을 함께 머문다. 그런데도 서로 눈길 한번 안 준다니 참 매정하다. 정을 줄래야 줄 수 없는, 이 자리의 낯선 기운들. 나도 어찌 할 수 없다. 서로 관심 가질만한 연이 있을 수 있는데, 그저 서로 경계할 뿐 어떤 소통도 오가지 않는다. 내 뜻은 한 가지, 내가 뜻한 바가 없다는 것. 세상의 눈을 사로잡는 뉴스는 뭐가 있나? 우크라이나와 러시아의 전쟁, 제발 푸틴V. Putin이 핵 버튼만은 건들지 않았으면 한다. 간절히 전쟁이 종식하기를 바란다. 히잡Hijab을 안 쓴다는 이유로 이란 여성이 죽임을 당했다. 프랑스, 영국 등에서 이들의 문화를 매도한다. 그 나라의 여성들이 히잡을 쓰는 이유는 자신을 보호하기 위해서라고 한다. 문화적으로 특수한 이유가 있는데 굳이 서구의 여성해방 잣대로 그들을 재단하려고 하는 것이 옳을까? 수녀님들이 수녀복을 입는 것처럼 종교적인 이유가 있다. 사실 나도 잘 모른다. 내 나라 내 문화가 아니니, 그 깊은 사정을 어찌 이해할 수 있겠는가. 내가 남의 문화에 대해 논하는 것 자체가 무의미한 일은 아닐까?

머리를 기르기로 결심했으니, 정리를 위해 헤어숍에 들러야 한다. 결국, 또 돈 쓰는 일이다. 난 바보인가? 그래 난 바보고 미련한 사람이다. 그건 나를 아는 사람들이 증언해 줄 것이다. 오늘은 금요일. 내일 우리 부부는 오리백숙을 포장해다 먹기로, 형네 식구들과 암묵적인 약속을 했다.

날 비추고 있는 햇빛이 찬란한 엄숙함으로 다가온다. 이 화려한 빛이 그리 반갑지만은 않다. 그래도 괜찮다. 내가 여기 이렇게 존재하고, 좋은 음악도 있는데 무슨 불만이 있겠는가. 어차피 도망쳐 나온 자리다. 되지도 않는 말로 사람들을 곤란하게 하고 싶지 않아서 그렇게 피난 온 자리다. 원목 테이블이 있고, 벽은 붉은 벽돌색이다. 햇살은 계속 내 머리 위로 떨어지고 있고, 내 감성은 보랏빛으로 물들어 간다. 가장 대담한 컬러, 파랑과 빨강을 섞어놓아서일까? 어쩜 이리 신비로운 빛을 낼까? 보랏빛 눈동자의 백인이 있다. 서양인의 관점에서 동양인들의 눈동자는 까만 진주와 같이 보일지 모른다. 검은 진주알, 매끈한 바둑알 같은 눈동자를 가진 우리다.

월요일까지 라인점핑은 쉬는 기간이다. 무릎도, 어깨도 시큰거리지만, 그래도 끝까지 하려고 한다.

10. 24.
mon

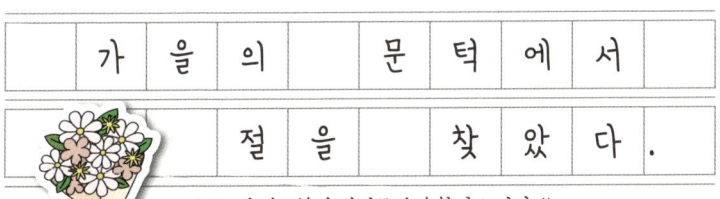

가을의 문턱에서 절을 찾았다.

am 9:10에 김포한강생태공원점 할리스에서 씀

어찌어찌 주말을 보내고, 한 주의 시작인 월요일을 맞았다. 제법 쌀쌀한 바람이 옷깃 안으로 스며든다. 나뭇잎도 작별을 고하려는 듯 위태롭게 흔들리고 있다. 그 풍경을 관람하고자 오늘도 창가 자리를 잡았다. 머리는 멍하고, 심장은 말캉하다. 홀 안을 둘러보니, 일찍 자리 잡은 몇몇이 보인다. 아직은 아이스 라테 ice latte 지, 따뜻한 라테는 이른 겨... 약간의 백색소음은 오히려 집중에 도움이 된다. 독서실보다는 도서관 열람실을 선호하는 이유다. 용감하게 체중계에 올라갔다가 식겁. 3kg을 빼야만 하는 피할 수 없는 운명과 마주했다. 루즈 웨이트 lose weight. 체중이 뭔데 나를 절망의 도가니로 밀어 넣는가? 잠시 망각하고 있었나 보다. 내가 글을 쓸 수 있다고, 그것이 축복이라고. 울 남편은 요즘 안 좋은 일 있느냐며 나를 슬쩍 떠본다. 더는 걱정시키고 싶지 않았는데, 또다시 이런 말을 듣는구나. 내가 정상이고, 내 머릿속을 휘젓는 생각들을 모두 잊을 수 있다면 좋겠지만, 지금은 불가능하다는 걸 안다. 그저 나 자신을 달래어 본다. 일 년만 더 기다려 보자고... 젠장, 이게 뭔가? 뭐 하는 짓인가? 족쇄에 묶여 있는 듯, 이게 무슨 시추에이션~situation~인가?

을씨년스럽다. '스럽다'라는 표현이 딱 맞는 창밖 풍경이다. 이 장면은 김종서의 '겨울비'와 잘 어울린다. 좀 쌀쌀하다 싶더니 비가 내렸고, 이제 추위와 함께 겨울비가 내릴 것이다. 내게 많은 영감을 가져다 줄 아름답고 강한 빗줄기를 기다린다. '겸손', 내 매뉴얼~manual~에는 없는 조작 버튼이다. 내가 나를 아는데, 내게는 어울리지 않는 단어다. 겸손을 흉내 내느라 주춤거리다간 세월 다 간다. 빨리 숨구멍을 터라. 그것이 내가 살 수 있는 방식, 방안이다. 내가 좀 어눌하긴 하다. 그렇다고 못난 바보도, 초라한 이미테이션~imitation~도 아니다. 모든 것을 잃어버린 내 영혼의 밑바닥에서 난 다시 도전하겠다. 겸손하지 않겠다는 말이다. '무엇이 중헌지'는 차차 알아가기로 하고... 옆 테이블에서 영어가 들려온다. 음악 소리처럼 유창한 멜로디. 그래서 그런지 신경을 빼앗기고 있다.

나의 passion, 열정을 쏟아부을 도가니가 필요하다. 내 집념을 모두 담아낼 그릇이 필요하다. 햇살이 따뜻한 곳으로 유체이탈하고 싶다. 이 작업이 굉장한 집중력을 요한다는 사실을 방금 깨달았다. 속에서 욕지거리가 끓어오른다. 이유야 있겠지. 진즉에 알았더라면 좋았을 광기 어린 눈매. 내가 나를 알아가는 과정이 왜 이리 험난할까? 추종자들의 시선을 돌리는 방법, 목을 조르고 싶은 강한 분노와 아무도 없는 산골에 덮인 눈 같은 차분함이 섞일 수 없는 물과 기름처럼 얽히고 있다. 왜 이리 감정조절이 안 될까? 독기를 머금은 눈알을 희번덕거려 본다. 살상 무기는 뭐라도 좋다. 깔끔하게 처리할 수만 있다면. CSI 과학 수사대가 검증할 수 있는 여지 정도는 괜찮겠다. 그래 바로 그거야. 타인의 생명을 단축시키는 희열, 쾌감. 내 DNA에는 없지만 잘게 다져서 내 것으로 만드는 거야. '살인의 추억'이란 영화 속 범인처럼. 사회악이 되는 방법이 있다면 전수傳受받고 싶다. 느물거리며 웃는 입 안에서 번뜩이는 금니가 매력적인 연쇄 살인마. 마치 그런 악인의 잠재울 수 없는 광기! 그것이 내 본성이다. 절대로 제거할 수 없는 오만과 객기 말이다.

오늘 내 삶에 자주색을 초대한다. 이 글 놀이에 끼고 싶은 듯 주변을 맴돌더니, 결국 체포되었다. arrest! 왜 이렇게 뒤가 켕기지? 이런 페이스이면 오늘 하루의 마무리가 안 좋을 텐데... 어제는 내 배우자이자 동지이자 세대주인 울 남편과 절에 갔다. 천 원짜리 한 장을 불전함에 넣고, 절하면서 소원을 빌었다. 내 병病 갖고 또 장난치면 가만두지 않겠다고. 이런 기도도 들어주려나? 제길, 아무리 빌어도 이루어지는 소원 하나 없더라. 컴활이냐? 토익이냐? 두 마리 토끼 모두를 잡을 순 없는 걸까?

 10. 25.

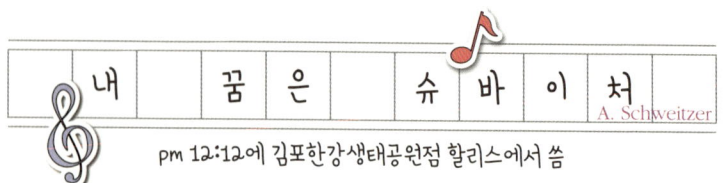

내 꿈은 슈바이처
A. Schweitzer
pm 12:12에 김포한강생태공원점 할리스에서 씀

나?! 나에 대해 자세히 열거하자면 이런 일기장이 몇 권이 있어도 모자라다. 이렇게 두서없이 일상의 생각과 느낌을 나열하는 것보단 살아온 내 인생을 정리하고 기록하는 게 더 나을지도 모른다. 안 그런 사람이 드물겠지만, 파란만장 그 자체인 내 인생. 우리 엄마도 책 한 권에 담을 수 없는 인생을 살았다고 하신다. 불굴의 의지와 남다른 열정을 가지고, 때론 패배와 실패를 경험해도 다시 일어나, 시대에 의미 있는 족적足跡을 남긴 사람들의 이야기는 수도 없이 많다.

오늘따라 커피가 맛이 없다. 은단 몇 알을 털어 넣은 탓인지, 입맛이 사라져 버렸다. 은단, OO은단 유재석씨가 광고하던데 몇 알을 우물거리면 결국 이렇게 된다. 글을 쓰는 펜 색깔이 바뀔 때는 그만한 이유가 있다. 심경에 변화가 생겼거나, 내용이 산으로 가기 시작하거나 혹은 새로운 이야기를 쓰고 싶거나 하는 다양한 이유가 펜의 색깔을 바꾼다. 머리카락의 5분의 1 굵기라는 반도체 회선처럼, 아주 미세한 차이로도 펜의 색깔이 변하니, 내 글을 읽는 사람은 참고하고 읽으시길. 아침 운동 마치고 서둘러 준비해 집을 나왔다. 서둘러 탈출하고 싶지만, 또 때가 되면 저녁을 준비하기 위해 내 발걸음이 향하는 곳, my house, 나의 집. 오늘은 남편이 늦는 날이네. 어제는 깨지 않고 긴 잠을 잘 수 있었다. 숙면의 이유나 비결을 알면 매일 단잠을 잘 수 있을 텐데, 딱히 특이점은 없었다.

내 힘으로 일어서려 했지만 아무도 날 불러주질 않는다. 그래서 결론은? 그냥 이렇게 가능성, 잠재력 하나만 믿고 살련다. 돋보기안경 너머로 세상을 본다. 한 폭의 풍경화... 참신하지가 않네. 안! 크리에이티브creative하다. 영등포에나 나가 볼까하는 생각도 했지만, 질 떨어질 것 같아 그만두었다. YBM어학원이 문 닫지 않았으면 갈 핑계가 있었을 텐데... 이상한 말이지만, 내 자존심이 허락하지 않았다. 왜 날 알아보지 않는 거지? 난 계속 그대로이고, 감을 잃지 않으려고 이렇게 끄적이고 있는데 말이야. 세상 참 안목도 감각도 없다. 나 같은 고급인력을 이리 길게 방치하다니. 나도 타협할 생각 없다. 협상 없어. 내 감이 곶감이 되고 감말랭이가 되어 가지만, 협상 종료라고! 세상살이가 그렇지 뭐. 모든 게 Give & Take다. 누구에게 뭐라고 하겠는가? 내가 병신이고 바보지. 울 부친 말대로. 더는 기대며 살면 안 되는데 말이다. 노후 준비하시는 데 도움도 못 드리고, 동생들도 자기들이 벌어 결혼하고 살림하는데, 난 이게 뭐냐? 신세타령도 지겹다.

나 지금 우울해지고 있는 건가? 아냐, 그건 아냐, 넌 할 수 있는데 안

하는 게 아니야. 너를 인정하고 그만 숨어 살라고 충고하는 거야.

OO 여전, 지금은 안 계신 M 교수님을 만나면 무언가 풀릴 것 같은데. 내 미래를 쥐고 계신 분이고, 날 인정해주시는 유일한 분이시지. 날 구원해 줄 사람은 그분뿐이라는 거지... 그러나 이 생각조차 나의 착각일 수 있다. 중요한 건 나의 행복을 내가 깨닫고 찾는 것이지, 다른 사람들의 눈에 내가 어떻게 비춰지는가가 중요한 게 아니다. 슈바이처의 삶, 이번 생에선 불가능하고, 그렇다고 다음 생에선 가능할까? 다음, 그다음, 그 다다음 생에서도 흉내 낼 수 없을 슈바이처의 희생적 삶. 명예나 돈이 아닌, 타인을 위한 삶을 살았던 위인, 난 그런 위인의 삶을 살고 싶은 거다. 우연히 'TV 인간극장'에서 그런 삶을 사는 치과의사를 보게 되었다. 부인과 함께 캄보디아 외진 곳을 찾아가 인류애를 발휘하는 의사, 저 모습이 내가 그리던 삶인데... 역시 이번 생은 글렀다.

10. 26.
mon tue (wed) thu fri sat sun

16

| 독 | 서 | 가 | | 필 | 요 | 하 | 다 | . |

pm 12:20에 김포한강생태공원점 할리스에서 씀

그렇지. 내가 여기까지 온 이유를 잠시 망각했다. 나 자신을 단련시키려는 목적이 있었다. 책 읽는 걸 게을리했으니, 글을 쓰며 나를 다듬고 무장시키는, 일종의 돔을 치려는 거였다. 돔_{Dome}… 일본에는 돔으로 된 야구장이 여러 개 있다지? 우리나라도 돔구장을 더 만들어야 한다. K-방산이 탱크나 전투기를 수출해서 세계적으로 인정받는다는데, 왜 선불이 아니라 후불을 받아 미납금을 남기나? 참 한심하다. 미국 눈치 봐야지, 중국 눈치도 봐야지 그런 나라들이 울며 겨자 먹기로 우리 무기를 선택한 것이겠지. 뭔 얘기를 하고 있는 거야. 오늘 외출 전 옷 매치_{match}를 고심하다 하얀 니트_{knit}에 검정 치마, 정장 스타일의 구두 슬리퍼를 신었다. 오늘도 여기까지 먹고 간헐적 단식에 들어간다. 오늘이 수요일이니, 목, 금, 토요일 아침까진 잘 케어_{care}해야 하겠다.

컨디션이 별로다. 속에서 열불이 끓어올라 폭발하기 일보 직전이다.

하루를 망치기 싫어 마음을 뒤집어 보려 애써본다. 오늘 운동도 최선을 다하지 못했다. 운동 강도를 높이고 싶은데 도무지 체력이 따라주질 않는다. 옆 기구에서 뛰고 있는 학생에게 트레이너가 체육대학 다니느냐 농담을 던졌다. 그 정도로 잘 뛰는 모습을 보니 나도 무리하고 싶은 생각이 들었다. 하지만 어제 조금 무리했다고 오늘 아침에 마주한 쑤시고 무거웠던 몸의 기억이 내 발목을 잡았다. 마음대로 되는 일이 없다. 조급함을 가라앉혀야 한다. 결국, 다 해내리라. 루즈 웨이트 lose weight, 글발 업그레이드, 컴활 1급, 뭐든 다 해내고 말겠다. 일단, 어젯밤 11시에 먹어치운 왕뚜껑, 더는 집에 쟁여놓지 말자. 그래도 그거 먹고 자서인지, 모처럼 잘 잤다. 오늘 내가 한 일들은, 아무리 생각해 봐도 생산성이 전혀 없는 일들이다. 하루의 아주 짧은 시간이라도 나를 단련하자. 작은 돌 하나 위에 또 돌 하나를 쌓아 올리는 자세로 하나씩 해보자. 아무도 날 알아주지도 찾아주지도 않는다. 누가 날 미행이라도 하고, 감시라도 하면 차라리 좋겠다는 생각을 한다. 서운하다. 두 번째 기회가 주어지지 않는다. 동생들처럼 공무원도 아니고, 세상이 알아줄 만한 능력도 내게는 없다. 섭섭하고 슬프다. 시간은 빠르게 흘러가는데 이루어 놓은 것이 없다. 그저 한 가족의 일원이고, 주부일 뿐이다. 할 일은 많고, 늘 바쁜 것 같은데, 의미 있고 가치 있는 일이 내게는 없는 것처럼 느껴진다. 좋은 주제는 아니지만, 오늘 글발 제대로 받는다. 기대하기는 나중에 난 크게 될 사람이고, 중요한 일을 할 사람이라고 생각해. 그나저나 이렇게 회의적인 내용만 가득한 글을 누가 읽어주긴 할까?

10. 27.
mon tue wed (thu) fri sat sun **17**

	어	닝	쇼	크	earning shock	
		정	도	는	안 다	.

am 9:47에 김포한강생태공원점 할리스에서 씀

가슴은 미어지고, 머리도 아프다. 하나씩 살살 풀어 가면 괜찮아지겠지, 나를 달래며 출발한다. 시월의 마지막 날도 멀지 않다. 다리가 저리고 발목 통증도 있어서 당분간 운동은 쉴 생각이다. 허리에 이상이 있다는 소견도 받았다. 어제 잠자리에 들기 전, '내일은 무엇을 입을까?' '구두는 어떤 걸 신을까?' '하루를 어떻게 보낼까?' 등 여러 가지를 고민했다. 평범한 고민 같지만 내 경우엔 좀 다르다. 무엇을 입고, 어떤 차를 마시느냐 그 행위의 의미를 따지고 그 작은 선택들이 어떤 결말로 이어질 것인지, 나의 선택의 동기가 나에게 있는지, 혹 다른 누군가에게 휘둘리고 있는 것은 아닌지 등등 꽤 심각한 고민이 되어버린다.

홀hall 안 여러 테이블, 많은 사람의 말소리와 웃음소리, 거기에 음악까지 믹스mix되어 거대한 짬뽕을 끓이고 있다. 짬뽕! 내가 자신 있는 탕 중에 하나이기도 하다. 패션!에 있어서는 남에게 지고 싶지 않다. 그래서 신경 써서 옷 쇼핑도 해보지만, 예쁘고 멋진 옷이 내 존재를 채워주지 못한다는 것은 잘 알고 있다. 나를 진정으로 채워줄 누군가, 혹은 무언가를 오늘도 난 기다린다. 아침에 일어나 주섬주섬 껴입고 집을 나선다. 운전해서 도착, 음료 주문하고, 번호표 뽑고, 음료 받아 2층으로 올라온다. 그런 과정을 거쳐 지금, 이 구석 자리에 앉아 있다. 여기까지가 오늘 내가 해낸 일이다. 둘러보면, 걱정 없고, 고민 없는 사람은 없더라. 그런 사람이 있다면 생각 없는 바보일 꺼다. 그런데 내가 그런 바보였으면 좋겠다. 바보, 멍청이, 수준 미달, 돌아이, 자진해서 그런 삶을 살고 싶다. 누가 뭐라 해도 상처받지 않고 별 반응 보이지 않는 바보의 삶. 내공을 쌓거나 종교적 수행을 해야 할까? 왼쪽 뺨을 맞으면 오른쪽도 내밀라는 예수의 가르침. 하긴, 그렇게 하고 경찰서에 가면 일방적 폭행을 당한거니 합의금으로 돈을 벌 수도 있겠다. 그런가 하면, 눈에는 눈, 이에는 이라는 말도 있다. 내가 다시 어린 시절로 돌아간다면 촉법소년이 될지 모르겠다.

어닝쇼크_earning shock_로 경제계가 난리다. 우리 경제의 선봉장인 반도체가 미국에 밀려났단다. 관련 업체 세금을 25% 감면해 주는 정책을 두고 갑론을박 중인 듯. 걱정이다. 이년이고 저년이고 다 머리 아프다. 요즘은 몰라도, 우리 때 여자애들이 동경하던 이화여대 영어영문과, 나도 가고 싶었다. 염병, 이대는 무슨 내 주제에. 이대 학생은 아니었지만, 옷 사러 이대에 자주 가긴 했다. 그런 의미에서, 결론은 살을 빼자. 예쁜 옷, 맵시 있고 예쁘게 입으려면 루즈 웨이트_lose weight_

다이어트~diet~... 원래 글이란 게 그래. 적어도 기승전결~起承轉結~이 있고, 논지가 읽혀야 가치를 인정받는다. 중언부언~重言復言~, 내용 부실, 고심한 흔적도 보이지 않는 글은 아무 가치가 없다. 인생도 그런 인생이 있다. 주변을 겉돌며 중심을 잡지 못하는 삶, 그런 삶도 무가치하겠지?

"last christmas", 이 노래가 벌써 나오다니, 크리스마스 coming soon! 은단 2알을 입에 털어 넣었다. "last christmas", 조지 마이클의 목소리로 캐롤송이 울려 퍼진다. Thanks giving day, 추수감사절이 엊그제 같은데, 벌써 크리스마스? 앉았다가 일어섰다, 좌불안석~坐不安席~, 불안한 내 모습. 다시 결론은 루즈 웨이트~lose weight~가 절실하다. "후... 영어 공부를 해야 할까?" 나 자신과의 싸움이란 게 이런 거구나.

10. 28.
mon tue wed thu (fri) sat sun

18

		낫		배	드	not bad

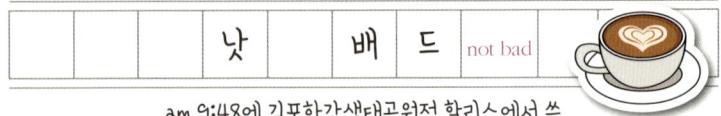

am 9:48에 김포한강생태공원점 할리스에서 씀

비로소 주위를 둘러본다. 방금 도착해 커피를 주문하고, 2층 구석 자리에 앉았다. 구석 중에서도 오른쪽 벽 자리가 인기가 많다. 그리 늦게 온 것도 아닌데 그쪽 자리는 이미 다 찼다. 뭐가 그리 바쁜지 머리를 숙이고 업무를 보고 있는 이들도 있다. 오늘은 높은 힐을 신고 나왔다. 조금 불편해도 신발도, 신발을 신은 나도 예뻐서 마음에 든다. 머리와 스타일에 변화를 줘서 그런지 라테_{latte}가 더 잘 넘어간다. "즈~아! 이제 스타트!" 지금의 이 시련도 결국 지나가고, 흐르는 시간 속에서 모든 문제가 해결될 것이다. 단지 계절이 바뀌는 것을 조용히 지켜보면 된다. 봄, 여름, 가을, 겨울. 이런 삶도 나쁘지 않다. 낫 배드_{not bad}! 일기라는 건, 하루가 끝나가는 저녁이나 잠들기 전에 쓰는 것이 일반적인데, 맑은 머리로 글을 적으며 하루를 시작하는 것도 not bad, 괜찮다. 지금의 시공간을 펼쳐보면 어떻게 될까? 여러 과학 이론을 가지고 와 머리 아픈 얘기를 하고 싶진 않다. 그냥 상상해 보자. 내가 저 우주로 날아가 달을 바라본다면, 달은 자전을 하지 않아 항상 한 방향만 볼 수 있다. 하지만, 달의 반대편엔 옵티머스 프라임$_{\text{Optimus prime}}$이 기지를 건설해 살고 있는 것이다. 아! 재미있다.

SK 하이닉스의 이익이 49.8%, 약 50% 밖에 되지 않는다고 한다. 큰일이다. 대만, 미국, 중국이 눈에 불을 켜고 추격 중인데 말이다. 고 이병철 회장에게 고 이건희 회장이 반도체를 육성해야 한다고 건의했다지. 이병철 회장이 동의했고, 이건희의 지휘 아래 삼성은 반도체 연구개발$_{\text{R\&D}}$에 매진하게 되었다. 인구 감소 문제가 심각하다. 그 결과 사회 고령화 속도가 너무 빨라졌다. 일본은 이미 고령화 사회가 되어서, 모든 콘텐츠가 고령 인구를 위한 것으로 바뀌어 간다고 한다. 그래서인지 우리나라도 요양보호사 자격증 붐이 일었다. 나도 막차 타려 잠시 준비했지만, 회의적인 의견도 있어 그만두었다.

난 지금 사치를 부리고 있다. 시간도 돈도 모두 낭랑하다. 울 남편한테 좀, 아니 많이 미안하다. 말일이 되면 용돈이 들어온다. 얼마나 다행인가? 돈 때문에 서럽거나 괴로운 일은 없으니 말이다. 난 복 받은 거다. 오늘 아침에 일어나자마자 빈속에 옷도 가볍게 입고 체중계에 올랐다. 52.4kg. 앞으로 4kg만 더. 아~ 가슴이 두근거린다. 내가 정녕 40kg대로 되돌아갈 수 있을까?

돌진해 오는 소행성 진로를 바꿔준 분들, 감사합니다. 그나저나 나사

NASA에서 UFO 추적하는 일은 이젠 안 하시나요? 외계인 관련 일급 기밀 이야기도 있던데, 그런 보고서는 캐비넷 깊숙이 넣어놓고, Top Secret! 공개 안 하나요? 이전 대통령도 공개하라는 서류들 안 보여주던데, 같은 입장인 건지? 아니 정치 이야기는 하고 싶지 않은데, 자꾸 TV 뉴스에서 떠들어 댄다.

세 번째 자주색 펜 등장. 마무리 단계라고 보면 된다. 아직 11시도 안 되었네. 오늘은 운동을 가지 않았다. 발목, 무릎, 고관절이 저리고 아프고, 허리도 시원찮고, 그래서 안 간 게 아니라 못 갔다. 다음 주 월요일에 몸 상태 보고 괜찮으면 가야겠다. OO은단을 먹는다. 나름 유재석 팬이라 'OO은단 비타민 C 광고'가 생각난다. 광고비로 얼마 받아서, 얼마 갖고, 얼마나 기부했을까? 기부하려면 나 같은 보헤미안에게도 좀 줬으면. 나에게도 잭팟Jackpot이 한 번 터져야 하는데... 내 얼굴이 클로즈업close up되는 순간, 너희 불순분자들은 다 죽은 목숨이야. 사람 믿어선 안 된다. 믿었던 사람이 사기 치고, 배신하고, 염병. 세상에서 내가 제일 좋아하는 거, 신사임당, 오만 원권! 사랑해 오만 원권! 안 나왔으면 어쩔 뻔했어. 젠장, 열 받네, 오만 원권.

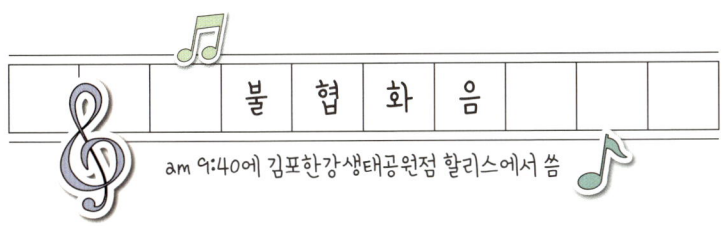

불협화음

am 9:40에 김포한강생태공원점 할리스에서 씀

가장 예민해져야 할 타이밍에 둔해진 걸까? 실망스러운 결과에 몹시 동요하고 있다. 53.2kg... 며칠 전, 52.4kg을 확인하고 희망을 품었었는데, 왜 이런 일이... 운동에 대한 의욕도 나질 않는다. 어질어질, 멍하기만 하다. 나란 인간은 신도시처럼, 잘 설계된 계획을 따라 만들어진 존재가 아니다. 인생의 여러 관문과 굴곡을 거치며 깨지고 다듬어져 만들어진 불완전해서 더 아름다운 그런 존재인 것이다. 한 번의 실패가 쉽게 나를 무너뜨릴 수 없다. 그런데도 지금은, 다 필요 없다. 시간이 지나면 괜찮아질 것을 머리로는 알고 있지만, 지금은 정상이 아니다. 노곤하고 나른한 시공간에 와 있다. 영화 '취권'의 성룡은 술을 마시면 더 잘 싸우고 구약성경의 삼손은 긴 머리카락에서 힘이 나온다는데, 나는 어디서 힘을 얻어야 하나?

펜 색이 바뀐 이유는, 단지 블랙 펜을 다 썼기 때문이다. 이곳의 분위기가 좋아서, 이곳에 오면 힘을 얻을까 하는 기대에, 강아지 무주의

칭얼거림도 뒤로하고 버선발로 뛰쳐나왔다. 음악이 산만하게 느껴진다. 머릿속 불협화음을 일으키더니, 신경을 자극해 불편함으로 나를 몰아넣는다, 음악이 문제가 아니라 내가 문제겠지. 음악이 아닌 내 세포와 신경을 올바르게 연주하고자 노력해 본다.

머리와 마음이 복잡해서인지 왠지 입안도 꾸물꾸물, 하고 싶은 말, 욕지거리 등이 꽉 차서 맴돌고 있는 느낌, 혹시 이거 구강암 초기 증상은 아니겠지? 문득 내 나이가 이제 50에 가깝고, 암 발생률이 높은 중년이 되었다는 실감과 걱정이 엄습해 온다.

이태원 참사가 일어났다. 모든 언론이 이 소식으로 뜨겁다. 정치인들은 이 사건을 한숨 돌릴 기회로 삼고 싶을 거다. 내가 그 검은 속내를 모를 줄 아나? 세상은 쉴 새 없이 분주히 돌아가는데 나는 뭘 하고 있나? 무엇을 일구고 어디에 도달해야 만족한 삶이라 할 수 있을까? 속만 탄다. 나사 빠진 정신머리, 누군가에게 뒤통수라도 한 대 맞아야 정신 차릴는지. 물론, 살면서 겪어보니, 이렇게 사는 사람도 있고 저렇게 사는 사람도 있더라. 인생에 정답은 없겠지만, 그저 다양한 인생 중 하나라고 하기에도 내 삶은 너무 초라해 외면하고 싶어진다.

바깥은 싸늘할 텐데, 창 안에서 바라보는 풍경은 그저 나뭇잎이 흔들리고 있을 뿐, 그게 다이다. 바람만이 존재한다. 여전히 난 갇혀 있다고 느끼는 걸까? 누가 가두고 묶어 둔 것도 아닌데, 습관처럼 자유를 외치고, 어딘가로 탈출해야 한다는 강박증에 사로잡혀 있는 것은 아닐까? 모르겠다. 난 나일 뿐이다. 태풍이 불어오고, 주변이 무너져 내려도 나는 나일 뿐이다. 여기가 시작점이다. 내가 나라는 인식, 여기서부터 시작해야 한다.

어젯밤도 잠을 설쳤다. 매번 이런 식으로, 내 병을 볼모로 나를 겁박한다. 그렇다고 물러날 내가 아니다.

고촌 투썸으로 옮겨왔다. 자몽 에이드와 함께 오후 3시까지 머무를 예정. 혼자 3시간 앉아 있으면 진상으로 보이려나. 컴활 1급을 따야 하니 그냥 버티기로 한다. 책장 넘기는 소리가 날 압박한다면, 음악은 압박감을 풀어준다. 돋보기 도수를 올려야 하나? 갈등, 딜레마, 진퇴양난, 부정적인 단어들이 내 실존을 대변하는 것만 같다. 무력감이 지속되면 나 자신을 몰아세우게 된다. 아침 먹고, 아이스 라테 한 잔, 그리고 자몽 에이드. 53.2kg의 네가 저지른 일을 봐봐. 계획도 생각도 없이 무작정 살던 대로 살아선 안 된다. 넌 사람이 아니야. 영어공부도 안 하고, 엑셀도 그저 그렇고. 야! 제발 정신 차려! 네 모습을 봐. 네가 할 수 있는 일을 해야지. 남편은 돈 번다고 서둘러 준비하고 출근하는데, 넌 도대체 무슨 생각으로 사는 거니? 차 기름값도 스스로 내지 못하고, 몸무게도 800g 늘고... 속에 무엇이 든 건지, 내시경 해도 깨끗하던데, 어디다 뭘 숨긴 거니? 제발 나 좀 살려줘. 자~ 마음을 진정시키고, 널 갈고 닦으라고. 종이와 펜 준비했어. 널 위해 준비해 둔 거야. 그걸 모르겠니? 너 바보야? 세상사는 게 재미가 없다. 여행도 못 가고, 식단도 그 나물에 그 밥이고... 이태원 사건도 중요하지만, 나도 PCR, 응급조치가 필요하다. 정신 차리자. 주변을 둘러봐야 소용없다. 아무도 도와주지 않아. 넌 성인이야.

서정적 자아와의
만
담

2022

month
1 2 3 4 5 6
7 8 9 10 ⑪ 12

11. 1.
mon (tue) wed thu fri sat sun 20

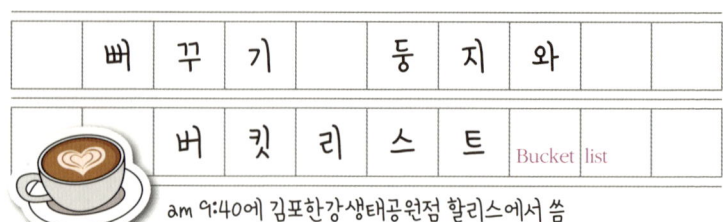

뻐	꾸	기		둥	지	와	
버	킷	리	스	트	Bucket list		

am 9:40에 김포한강생태공원점 할리스에서 씀

마음을 다잡고자 흰 모자를 눌러 쓰고 나왔다. 이 모자엔 스포티한 옷과 신발이 어울릴 텐데, 어찌하다 보니 정장 느낌의 옷차림에 구두까지 신었다. 나를 갈고 닦기 위해 무거운 마음과 몸을 이끌고 왔다. 아이스 라테를 주문하고 창밖을 내다본다. 너무 울긋불긋해 화가도 화폭에 담기에 어려울 것 같은 풍경, 다채로움 그 자체. 사람이 사람을 좋아하는데 이유는 없다. 아니 이유가 있더라도 명확하게 설명할 수 있는 그런 이유는 아닐 것이다. 그냥 본능이 이끌고, 모든 감각과 마음이 상대에게 쏠리는 것이다. 내 감성이 메마른 것일까? 내 대인관계가 너무 좁아서였을까? 한 사람을 사랑하게 되었다. 지금의 우리 남편. 여유롭게 바라보고, 말없이 텔레파시가 교환되고, 가지고 있던 고정관념도 사라졌다.

하루하루가 힘겹다. 저녁이 되면 아! 오늘도 잘 견뎌냈구나, 내일은 내일의 태양이 뜨겠지, 그저 하루를 견디어 낼 뿐이다. 그냥 지금까지처럼 미끄러지듯 살아가자. 새들이 둥지를 만들 때 보면, 수십, 수백 번 날아가 재료를 물어다 끼워 맞춘다. 나도 내 왕국을 짓기 위해 필요한 재료들을 한 개씩 물어올 것이다. 모아온 재료들을 한 올 한 올, 한 땀 한 땀 엮는 과정에서 중요한 것은 속도가 아니라, 얼마나 완벽하게 만드느냐이다. '뻐꾸기 둥지로 날아간 새'라는 가수 김건모의 노래가 있다. 뻐꾸기는 남의 둥지에 알을 낳는다고 한다. 인간 세상에도 그런 이들이 있다. 열심히 가꾸어 놓은 남의 보금자리를 노리는 족속들이 많다. 나? 나는 내 것을 지키기도 벅찬 사람이다. 가끔 그런 생각을 한다. 나같이 나약한 인간은 야생세계에선 먹잇감이 되기 쉽다. 부모의 돌봄을 받으며 살다 지금은 한 남자의 보호 아래 살고 있는, 자립하지 못하는 약한 생명체가 바로 나다. 새장에 갇혀 있는 신세, 야생으로 풀어줘도 다시 돌아올 수밖에 없는 나약한 존재. 이런 나의 미래는 어떤 모습일까?

그냥 사랑하고 싶다. 이 세상, 모든 피조물을, 지구를, 우주를, 은하수 건너편 안드로메다를 지나 돌진하는 소행성을 넘어 블랙홀 앞에 진치고 있는 초신성까지도. 옆 테이블 사람들의 수다가 불타오르고 있다, 네가 낫냐? 내가 낫냐? 나는 글을 통해 수다를 떤다. 나 자신을 위로하고, 연민도 하고, 푸념도 하니, 글쓰기가 내 삶의 탈출구임에 틀림이 없다. 외계인의 관점에선 우리 인간이 물주머니처럼 보인단다. 몸이 대부분 살과 피로 이루어진 생물이니 그럴 만도 하다. 내가 노스트라다무스~Nostradamus~는 아니기에 내 미래를 볼 수는 없지만, 비극적 결말은 아니었으면 좋겠다. 그게 다. 집필 활동을 통해 유명해지거나, 컴퓨터 공부, 영어 공부 꾸준히 해서 좀 더 나은 마무리를 할 수 있으면 좋겠는데, 인생이 내 마음대로 되는 건 아니겠지. 이번 생에 이루지 못한 많은 꿈, 계획들, 과연 다음 생生에선 이룰 수 있을까? 다음 생을 기대하며 버킷리스트~Bucket list~를 열거해 보자. 배가 평평하여 탑을 입고 그 위에 재킷 하나만 입어도 멋진, 그런 몸을 가지고 싶다. 컴활 1급을 따서 방과 후 교실 강사가 되어 아이들을 가르치고 싶다. 대기업 비서실에 근무하며 남자 직원들의 선망의 대상도 되어보고 싶다. 레게머리로 땋을 수 있을 만큼 머리숱도 많았으면 좋겠다. 007 영화 속 본드걸처럼 멋진 스카프 바람에 날리며 오픈카를 몰고 달려도 보고, 젊은 나이에 길거리 캐스팅을 받아 멋진 모델로도 살아보고 싶다. 동시통역사가 되어 외국의 멋진 도시들에서 사는 것도 좋겠다. 성공해서 부모님 집도 사드리고, 남편 사업도 도와줄 수 있으면 얼마나 좋을까? 송혜교 예쁜 줄 모르고 살았는데, 배우처럼 늙지 않고 관리도 받아보고 싶다. 호텔 스파 마사지, 원할 때마다 받을 수 있는 삶도 좋겠다. 끝이 없을 것 같은 나의 버킷리스트. 그만큼 내 삶에 대한 만족이 없다는 반증反證일지도. 옷이나 사러 가야겠다. 롯데 몰 김포점. 오늘은 11월 1일, 11월 11일은 빼빼로 데이. 어른들은 그런 상술에 끌려다니지 말라고 하신다만.

11. 7. **21**
mon (tue) wed thu fri sat sun

| | | | 첫 | 눈 | | | |

am 11:01에 김포한강생태공원점 할리스에서 씀

황망하다. 낙엽이 구르고 바람은 차다. 내가 왜 여기 앉아 있는지 생각하고, 그 이유를 떠올려라. 자업자득은 아니다. 의도가 상황에 의해 꺾이는 경우는 얼마든지 있으니. 빨간 깡통, 내 붕붕이를 살살 달래며 달려왔다. 바라던 일상으로의 복귀이지만 탐탁치 않다. 웃프다. 뭐가? 그런 게 있어, 너무 알려고 하지 마! 깊이 알려고 하지 마, 잘못하면 다쳐! 눈이 오려나, 비가 오려나, 하늘이 언젠가 길에서 마주쳤던, 꾸부정한 할머니의 얼굴 같다. 얼마나 지났을까... 드디어 한 줄기 햇살이 건물 사이를 비집고 들어왔다. 길 위의 차들은 무덤덤하게 갈 길을 가고 있다. 그렇지. 세상은 만만치 않다. 음악도 우중충한데... 비라도 내리면 좋으련만.... 아니다. 빗줄기보다 맞아도 부담 없는 싸리 눈이 낫겠다.

입안이 '화~하게' 은단을 굴려 본다. 물론 OO은단이다. 이제는 은단을 먹으면 자연스레 유재석이 떠오른다. 유재석은 밉지 않게 까부는 재능이 있다. 그래서 좋고, 재밌다. 임윤찬이 연주하는 '라흐마니노프 피아노 협주곡 3번 D 단조'를 들을 수 있다면 완벽하겠다. 그냥 편하게 생각할까? 난 옷 사 입는 걸 좋아하고, 울 남편은 화요일과 목요일 술 약속을 행복해한다. 좋아하는 걸 생각하는 것만으로도 기분이 좋아진다. 때론 나 자신이 조명까지 세팅되어 촬영할 손님을 기다리는 스튜디오 같다는 생각을 한다. 아니 내 촬영 순서가 언제 오나, 초조하게 스튜디오 주변을 맴돌고 있는 손님이라는 생각도 든다. 누군가 날 지켜보고 있다는 느낌. 무서운가? 아니, 그렇게 싫지만은 않다. 여기서 3시간을 보내고 나면, 집으로 돌아가 열심히 밥을 하고 청소를 해야 한다. 그렇게 생각하면 '버텨야 하는 시간'이 아니라 '소중한 시간'으로 여겨진다. 그러니 괴롭게 나를 쥐어짜는 것은 그만하고, 사물놀이 꽹과리 치듯 내 영혼과 한바탕 놀기라고 해야겠다. 커피는 이미 식어버렸다. 5박 6일의 시댁 김장했던 날. 여자들은 연신 허리를 두들겨 대며 숨 가쁘게 뛰어다니고, 남자들은 고기 주워 먹는다고 집게랑 가위 가져오라 소리를 지른다. 난리다 난리. 여하간 이제 다음 김장까지는 또 1년이 남았으니 다행이라고 해야 하나?

에라 모르겠다. 입금되면 옷 구경이나 하러 가야지. 참, 오늘 월요일인데 백화점 문 여는지 체크$_{check}$해야겠다. 일전에 봐두었던 원피스를 사려고 한다. O매장 가서 티랑 이너로 입을 면티도 한 장 더 사야지. 방전되기 직전. 뭘 좀 먹어야 하는데, 카페 케이크는 비싼 가격에

비해 양이 너무 작다. 근처에 편의점이라도 있으면 한 끼 해결할 수 있을 텐데, 이런 게 일상의 난감함이려니. 오, 난 봤다. 눈송이 두 개가 떨어지는 거. 벌써 첫눈인가? 조금 더 관찰해보자. 좀 더 확실할 때까지 기다리자. 그나저나 첫눈 내릴 때 소원 빌면 이루어진다는 말이 있었는데... 빌고 싶은 소박한 소원도 몇 개 있고. 지난번 버킷리스트는 다시 보니 좀 부끄럽네. 첫눈을 기다리며 제대로 된 소원을 정리해 놓아야겠다. 좋아, 아주 좋다. 아무도 날 방해하지 못해. '헐~ 저 날파리는 뭐야?' 간만에 평화로이 집중하고 있는데...

11. 8. **22**
mon (tue) wed thu fri sat sun

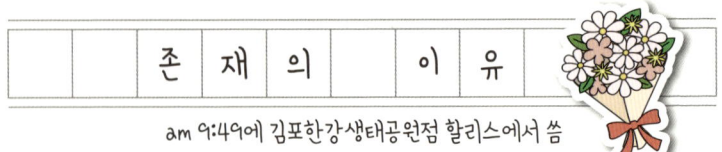

존 재 의 이 유

am 9:49에 김포한강생태공원점 할리스에서 씀

오늘 내 패션 괜찮은가? 춥지는 않을까? 머리는 잘 말아졌나? 엑셀레이터Accelerator를 밟으며 끊임없이 자신에게 던진 질문들. 언젠가부터 스타일을 찾는 데 시간이 많이 걸린다. 아이스 라테를 주문하기엔 이제 너무 추운 게 아닌가, 잠시 망설였지만, 그냥 마시고 있다. 아직 이 시공간에 온전히 녹아들진 못했다. 오는 내내 요란하게 덜덜 떠는 소리를 내던 내 차에 대한 불안감 탓인지도 모르겠다. 몸은 무겁고 노곤하다. 딱히 특별한 일은 아니다. 오히려 익숙한 몸 상태다. 이럴 때 진하게 마시는 커피 한 잔으로 상황이 정리되면 좋을 텐데. 손에서 책을 놓은 지가 벌써 몇 년이 지났다. 인풋Input이 좀 있어야 술술 이야기를 엮어낼 수 있다. 빈 수레가 요란하다고, 머리에 넣어둔 게 없어, 이렇듯 정신없이 말 잔치만 벌이고 있다.

무엇이었을까? 그때 그 사고의 원인은? 말로 표현할 수 없는 고통이었고, 견디기 어려운 고뇌의 연속이었다. 감정적인 자아와는 더 대화가 안 된다. 다시 '존재 이유'를 물을 수밖에. 비생산적 자아의 존재 이유는 무엇이 되어야 하나? 끝없는 혼란의 터널을 느리게 통과하고 있는 느낌이다. 너무 심한 압박인가? 좀 느슨해지기 위해 홀 안을 둘러본다. 사장님께는 죄송하지만, 빈자리가 더 많은 지금이 나는 좋다. 자, 정신 차리자. 무슨 말을 해도, 결국 문제의 원인은 나에게 있다. 공감 능력도 떨어지고, 따뜻한 성격도 아니고, 우울증을 동반한 비관론자에, 가식을 떠는 위선자, 외모지상주의자, 나르시시스트 등등 내가 이런 사람이다. 누군가 나를 해부하고 분석하면 볼 만한 결과가 나올 거다.

사실 프로파일러$_{profiler}$를 동경하여 여러 범죄 드라마를 즐겨보기도 했다. 주로 무채색의 어두운 옷을 입는 냉철한 프로파일러 주인공에게는 보통 국과수에서 일하는 막역한 여자 동료가 있다. 늘 하얀 가운을 입고 있는 그녀는 주인공의 옛 연인이거나, 그와 갈등 관계에 있는 고위 공무원의 딸이라는 설정이 일반적이다. 드라마를 너무 많이 본 탓일까? 장르 드라마의 스펙트럼은 그리 다채롭지 못하다. 한 마디로 전형적이다. 예전에 '전격 제트 작전'이라는 외화 드라마가 있었다. 시계에 대고 "키트, 빨리 와!"라고 외치면 최첨단 기능을 갖춘 슈퍼카가 주인공에게 달려오는, 그런 드라마였다. 혹시나 하고, 내 스마트워치에 대고 작게 불러본다. "키트!" 당연하게도 아무 일도 일어나지 않는다. 007 시리즈에 등장하는 다기능 자동차, 배트맨이 타고 다니는 만능 배트카, 그런 건 상상 속에서 타기로 하고, 마티즈 같은 경차를 구입하려 알아보고 있다. 마티즈는 이미 단종된 차량이라 중고차로 알아보는 중. 경차의 장점은 참 많다. 일단 주차 편하고, 좁은 길 요리조리 피해 다니기 좋고, 연비, 세금 등등. 솔직히 여건이 된다면 벤츠, 미니를 갖고 싶긴 하다만.

11. 9.
mon tue (wed) thu fri sat sun

| | 일 | 상 | 의 | | 기 | 쁨 |

am 9:27에 김포한강생태공원점 할리스에서 씀

안개가 자욱하다. 이것도 자연이 우리에게 주는 선물이다. 무지개나 오로라만큼 인기 있는 자연 현상은 아니지만, 내 감수성을 터치하기에 부족하진 않다. 짙은 안개를 헤치며 조심조심 이곳에 도달했다. 한강을 끼고 있어 기온에 따라 이렇게 안개가 끼는 날이 있나 보다. 김포와 다르게 부천이나 다른 곳은 이 정도로 안개가 끼는 일이 드물다고 한다. 홀 안의 음악은 재즈인가, 큰 자극 없이 조용히 흘러간다. 안개를 헤치며 오는 길에 아이스 라테와 뜨거운 라테 중 무엇을 선택할지 고민했다. 결국은 아이스 선택.

맨발에 구두를 신었더니 발이 시려온다. 스타일을 위해서라면 이 정도 불편함이야 전혀 문제가 되지 않는다. 근사하게 바람에 날리는 낙엽을 봐도, 아파트 경비아저씨들 일이 늘겠다는 정도의 느낌. 지금의 시간은 다신 돌아오지 않는다. 그렇게 생각하니 지금의 이 공간도, 귀

찼던 일들도, 마음의 상심도 왠지 다르게 다가온다. 이런 자각은 일상을 큰 기쁨으로 바꿔준다. 이건 축복이다. 미국에선 누군가 재채기를 하면 "bless you!"하고, 그러면 "thank you!"라고 답한다고 한다.

수요일.

한 주를 시작한 지 벌써 2일이 지나, 분리수거의 그 날이 왔다. 어젯밤에도 식탐食貪에 패배했다. 그래도 '왕뚜껑' 하나 먹으니 살맛 나더라. 사실 무주 산책 시간이었는데 만사가 귀찮았다. 이것저것 재고 따지면 아무것도 못 한다. 무엇이 효율적인지, 어떤 게 좀 더 나은지 따져봐야 할 때도 있지만, 일단 해야 할 일은 하는 게 좋다. 안개 사이로 비라도 내릴 듯한 분위기. 2층 창에서 보는 풍경은 좀 갑갑하다. 33층 펜트하우스 창밖으로 내려다보는 한강 뷰$_{view}$는 어떨까? 다음 생, -이번 생은 글렀고- 울 남편을 만나지 못할 다다음 생에라도 그 뷰를 보며 커피 한 잔 마실 수 있을까? 서민의 삶과 금수저, 고액연봉자의 삶은 다르다. 자본주의 사회에서 그 차이를 인정하지 못하는 것도 문제지만, 눈높이를 조금 위로 옮긴다고 죄가 되는 것도 아니다.

따듯한 라테를 시킬 걸 그랬나. 몸에 냉기가 돈다. 오늘도 생산성 없는 이야기를 열거하고 있지만, 정작 내가 하고 싶은 말은 따로 있다. 앞으로 어떻게 살 것인지에 대한 진지한 고민을 풀어내고 싶다. 매일 비슷한 일상에 특별한 일이 있겠냐마는, 어제 봐둔 니트티와 아이보

리색 짧은 패딩을 살까 하고 생각 중이다. 입을 옷이 없어서 사려는 건 아니고, 그냥 옷에 욕심이 많다. 줄일 수 있으면 줄여야 하는데... 부친은 세금 때문에 이리저리 뛰어다니시고, 남편도 돈 버느라 지친 몸으로 돌아오는 게 안쓰러운데, 나만 생각 없이 돈을 쓰고 있나 싶기도 하다. 남들은 직장 다니랴 애 키우랴 정신없는데... 그런데 생각해보면 그게 그 사람들 팔자 아니겠나? 알지 않나? 이렇게 사는 사람이 있으면, 저렇게 사는 사람도 있다는 사실. 내 가치관, 내 경험, 내 지식으로 다른 사람의 삶을 판단, 평가, 비판하는 건 21세기 교양인의 태도는 아닐 것이다. 제일 무서워하는 부류가 있다. 무식한 사람. 그들의 의문을 풀어줘야 하는 상황에 부닥치는 것이 무섭다. 언변도 약한데 담력도 없어 잘못된 신념을 가진 이들을 설득하거나 이해시킬 자신이 도무지 없다. 그래서 글을 쓴다. 사고력을 강화하고 말발도 세우려고. 어느 정도 효과가 있는 것 같다. 계속 노력하면 불가능한 것은 아니다. 계속 갈고 닦으리라. "시작은 미약하나 그 끝은 창대하리라"를 실현하기 위해 오늘도 부지런히 펜을 놀린다. 아니 자주색 펜을 놀린다. 삶의 매뉴얼을 확립해야 한다. 힘도 없고, 만사가 귀찮을 땐, 단백질 쉐이크를 마신다. 포만감은 느낄 수 있지만, 고기 몇 점의 만족감에는 한참 못 미친다. 그래도 루즈 웨이트$_{\text{lose weight}}$를 생각하면, 고기보단 단백질 쉐이크가 안전하다. 오후 1~2시쯤에 쉐이크를 마시고, 오후 4시경 카카오 초콜릿 몇 알 먹은 후, 간헐적 단식 돌입. 경험상 이렇게 했을 때 결과가 가장 좋다. 적어도 체중 관리에 있어서는 지식의 근원을 오직 경험에서 찾는 경험주의 학파의 입장을 지지한다.

11. 10.
mon tue wed (thu) fri sat sun

24

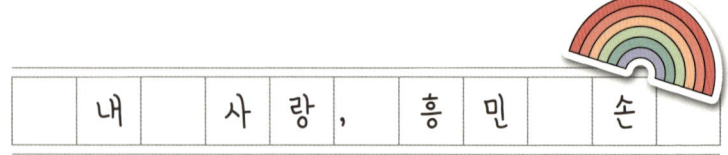

| | 내 | 사 | 랑 | , | 흥 | 민 | 손 |

am 9:36에 김포한강생태공원점 할리스에서 씀

여기 오는 데 걸린 시간 19분 남짓. 거리가 꽤 된다고 생각했었는데, 역시 가까운 거리가 아니었다. 오늘은 단단히 작정하고 집을 나섰다. '돈지랄' 좀 하려고. 냅다 롯데몰로 달려가야지. 하루하루 무난하게 보내고 있다. 이런 상태면 약을 줄여도 될 듯한데, 우라질, 의사 말을 들어야겠지. 여하간 오늘은 검은색 원피스, 자줏빛 하이힐, 루이비통 가방으로 치장했다. 어제는 토네이도를 만난 듯 힘든 밤을 보냈다. 그래도 내 매뉴얼을 붙잡고 무너지지 않았다. 그저 지나가는 바람이었다. 좀 강하긴 했다만. 그런데 허기는 이겨내지 못했다. 맥주 캔, 과자 등, 손에 잡히는 것들을 먹어 치웠다. 자제하지 못한 것에 대한 자책 대신, 아침이 되면 모든 게 제자리로 돌아가리라는 근거 없는 믿음을 갖고 미소까지 지으며 잠자리에 들었다. 하루 정도 쉬어 간다고, 잠시 균형이 흔들렸다고 망하는 건 아니라고! 어제는 치팅 데이였을 뿐!

자랑스러운 손흥민 선수, 부상에도 불구하고 평가전에 출전한다는 소식을 들었다. 열혈 팬인 내가 지켜보겠어. 마이 러브 흥민 손! 축구 잘하는 건 당연하고, 영어도 잘하고, 겸손하고, 순수하고, 무엇보다 열정$_{passion}$이 있는 선수, 어찌 응원하지 않을쏘냐? 나도 오늘 하루 최선을 다해 루즈 웨이트$_{lose\ weight}$ 한 후에, 나를 위한 레드와인 한 잔을 맛보리라. 조명도 멋지게, 미러볼이 있으면 더 좋으련만. 사실 나도 날 잘 모르겠다. 잃어버린 나사못 하나를 찾아야 한다. 찾는다 해도 너무 늦은 건지도 모르겠다. 문학을 모르는 사람, 예를 들어 한국 문학전집이나 세계 문학전집을 한편도 읽어 본 적도 없는 사람, 그런 사람과의 대화는 피하고 싶다. 문학은 인생의 기본 중 하나라고 생각한다. 학창 시절부터 난 문학을 좋아하는 아이였다. 그리고 학교에는 항상 '미친개'가 있었다. 바로 학생주임 선생님이다. 큰 잘못도 아닌데 학생주임에게 걸리면, 몽둥이찜질까진 운 좋게 피한다 해도, 싸대기 한 대 맞는 게 일상이었다. 아픈 것도 아픈 거지만, 너무 모욕적이었다. 미친개는 몽둥이가 약이라던데, 광견병 주사라도 한 대 놔줘야 한다.

이번 겨울은 그다지 춥지 않을 거라며, 지구 온난화의 결과라고 말하는 사람들이 있다. 후손들에게 좋지 않은 환경을 물려주게 된다면 미안할 것 같다. 남편은 우리끼리만 잘 살면 되지, 후손까지 걱정해야 하냐고 말하곤 한다. 말을 그렇게 하는 거지 진심은 아닐 거다. 이 시간에 글을 쓰고 있는 나 같은 글쟁이를 제외하곤 대부분 바쁜 일상을 보내고 있겠지. 전에도 말했듯이, 세상엔 다양한 인간 군상이 존재한다. 그래도 내가 좀 많이 특별하긴 하다. 훗.

생각 좀 하자! 생각! 머리에 아무리 똥만 찼어도 그 머리라도 좀 굴려보자, 머리가 굴러가지 않으면 몸을 혹사해서라도 뭔가 해보자. 차라리 그게 낫겠다. 그래서 "머리가 나쁘면 팔다리가 고생한다"라는 말이 나온 건가? 요즘 젊은이들, 아르바이트하겠다고 편의점에 죽치고 앉아있는 모습을 많이 본다. 차라리 과외를 해서 돈 버는 게 효율적이지 않을까? 알아서들 하겠지.

11. 11. (fri)

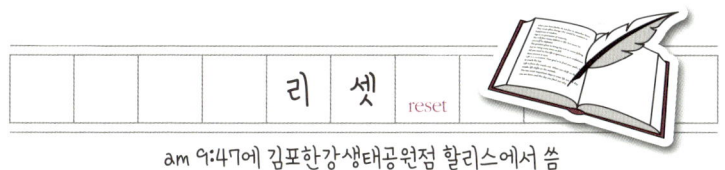

리 셋 reset

am 9:47에 김포한강생태공원점 할리스에서 씀

아침부터 맥주를 두 모금 마셨다. 알딸딸하니 기분이 묘했다. 손에서 책을 놓은 지 몇 년이 지났다. 인풋input을 늘리기는 좀 늦었고, 그러니 아웃풋output을 활성화하려 한다. 생각해 보면 뭔가 앞뒤가 안 맞는 이야기 같기도 하다. 잘 조절해 보자. 균형을 잡아야지. 'My lose weight', 나의 루즈 웨이트도 균형이 필요한 작업이다. 사회에서 균형을 잘 잡으려면 눈치가 있어야 한다. 내가 눈치가 좀 없긴 하지. 우리 형님들과 아가씨는 늘 눈치 없다고 날 타박한다. '우당탕탕 우영우'가 아니라 눈치 없는 내 일상이 '우당탕탕'이다. 미래지향적 낙관론을 펴려면, 과거 청산이 우선되어야 한다. 그러나 '우당탕탕'이건, '숭구리당당'이건, 과거에 매이지 말고 그냥 앞만 보고 달리자는 게 내 지론이다.

주변에 보면 자기 인생 책으로 쓰면 몇 권은 된다는 사람들이 있다. 나 역시 책 한 권으론 모자란 나름 스토리story 있는 삶을 살아왔다. 누구의 평전評傳이 더 나을까? 무엇이 기준이 될 수 있을까? 여하간 지금은 앞만 보고 걸어가야 한다. 이미 시작된 인생 뒤로 되돌아갈 수는 없으니 말이다. "인명$_{人命}$은 재천$_{在天}$"이라던 데, 이태원 참사를 보면, 내 삶도 전혀 예상치 못한 지점에서 끝날지 모르는 일이다. 끝내 반백 년을 살아 냈다. 죽을 고비 몇 번 넘겼더니, 트라우마$_{trauma}$니, 마음의 상처니 그런 것은 아무것도 아니다. 여전히 내가 어찌 살아야 하는지, 나는 모르겠다. 인생의 해답은 파랑새 이야기처럼 아주 가까이, 내 내면에서 찾아야만 하는 것인가? 소박한 내 신고식. 오늘도 이렇게 열어본다.

내 오장육부까지 전부 싹 다 게워내고 싶다. 그리고 텅 빈 존재로 다시 시작하고 싶다. 일명 리셋$_{reset}$. 러닝머신 시작할 때, 리셋 버튼을 누르면 시간, 칼로리, 거리가 다 영이 된다. 모든 걸 처음부터 시작하는 거다. 지금 내 심정이 그렇다. 내 삶을 리셋하고 처음부터 다시 잘 시작해 보고 싶다. 마음에 병을 앓고 있는 사람에겐 그냥저냥, 적당한 삶이란 없다. 내가 겪고 있어 잘 안다. 어떻게 헤쳐 나가야 하는지 나에게 묻는 환자들이 있다면, 내 대답은 '적당히 하라' 이다.

오늘 패션은 마음에 든다. 어제 산 이십만 원 상당의 원피스에 가죽 점퍼를 매치했다. 신발은 세무 재질의 하얀 부츠, 가방은 애장하는 큰 사이즈의 루이비통 백이다. 남들에겐 '짝퉁'이라 둘러대고, 혼자만 누리는 자부심과 만족감. 십 년만 더 누리고 그 후엔 보테가베네타 가방을 구입해야지. 아직 멀었지만, 반드시 그렇게 할 거다. 새 가방의 사이즈$_{size}$는 A4 용지 들어갈 정도? 작은 노트북 들어갈 사이즈여도 좋고. 우선은 이 루이비통 백을 십 년 더 메고 다녀야지.

영어 공부도 해야 한다. 내 영어 공부의 목적은 '코리아헤럴드'와 '뉴

욕 타임스'를 읽는 것이다. 어디서? 태국, 필리핀 등으로 여행 가서 호텔 로비에 앉아 '영자英字신문'을 뒤적이는 거다. 호텔 체크인 카운터의 직원들, 체크아웃과 체크인하는 손님들이 나를 보며 수군거리는 걸 느껴보고 싶은 거다. 내가 너무 속물인가? 아니면 너무 솔직한 건지도. 내 머리에 떠도는 생각을 이렇게 글로 쓸 수 있다는 것, 이게 바로 축복이다. 정신없이 견뎌온 힘든 시기에 대한 보상인가? 그럴 수도 있고, 아닐 수도 있다. 겁이 많은 나는 항상 여지를 남기지. 어차피 완벽할 순 없으니까.

죽는 날까지 하늘을 우러러
한 점 부끄럼이 없기를,
잎새에 이는 바람에도
나는 괴로워했다.
별을 노래하는 마음으로
모든 죽어가는 것을 사랑해야지
그리고 나한테 주어진 길을
걸어가야겠다.
오늘밤에도 별이 바람에 스치운다.

- 윤동주 『서시』 1941 -

11. 14.
(mon) tue wed thu fri sat sun **26**

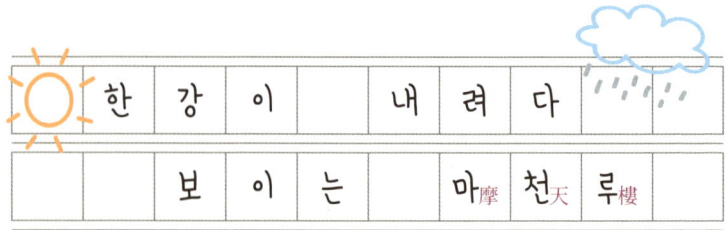

한강이 내려다 보이는 마摩천天루樓

am 9:17에 김포한강생태공원점 할리스에서 씀

날씨가 추워진다는 말에 조금 긴장하고 있었다. 그러나 아무래도 그 정도는 아닌 듯해 아우터outer를 벗어 놓고 집을 나섰다. 주말을 잘 보냈더니, 일주일을 푹 쉬고 나온 기분이다. 바람도 없고, 역시 공기도 그리 차지 않다. 다시 일상에 집중한다. 주변의 풍경과 사건들을 내 의식 안에 꼼꼼하게 담겠다. 매일 같은 시간대에 같은 장소에서 같은 음료를 마시지만, 매번 새로움을 느낀다.

며칠 전 봐둔 점퍼와 롱코트를 모두 내 것으로 만들 계획이다. 생각만으로 입가에 미소가 지어진다. 이렇게 소비해도 되는지, 기쁨 위로 죄책감 한 스푼이 얹어진다. 부친은 한 푼이라도 아끼려 애쓰시던데, 에라 모르겠다. 알아서들 하시겠지. 로또 맞으면 좋겠다. 그러면 울 남편 사업비 지원해주고 친정 부모님 집 한 채 사드릴 텐데. 난 큰 욕심은 없다. 마음 편히 옷이나 사러 다니고, 가다 서면 어떡하나 걱정 안

해도 되는 작은 차 한 대 있으면 만족한다. 좀 더 여유가 있으면, 조카들 학비 대주고.. 꿈이라고 할 수도 없는, 지극히 현실적인 이야기다.

좀 더 깊이 있고, 철학이 담긴 글을 써야 하는데… 두 명을 제외하고 홀 안은 텅 비어 있다. 빈 테이블들을 어루만지듯, 다정한 음악이 흐르고 있다. 다음 주엔 병원 예약이 있다. 남편도 함께 간다. 혼자 가겠다고 했는데 울 남편 고집을 꺾을 수 없었다. 고마운 일인데, 마음이 무겁다.

오늘따라 글이 잘 써지지 않는다. 무언가에 매여 있는 기분이 든다. 마음이 콩밭, 아니 롯데몰에 가 있어서 그런가 보다. 엉덩이가 들썩거린다. 애꿎은 은단만 입안에 털어 넣는다. 입안의 '화~한 느낌'으로 기분을 바꾸어 보려는 얄팍한 수다. 현재 52.6kg. 일명 피골상접 프로젝트, 쫄쫄이 프로젝트는 여전히 진행 중이다. 어제 그렇게 굶었는데도 51kg 진입은 실패했다. 오늘은 월요일. choose 함수에 번호의 값을 넣으면, "=choose(weekday(b3,1)", "일요일", "월요일"…"토요일". 엑셀 요일 함수 끌어내는 공식: countif, sumif, averagief, index, match, max, min, large, small, if 중첩함수 등등. 컴활 1급은 2급과는 천지 차이다. 너무 어렵다. 어떻게 해야 조금이라도 수월하게 자격증을 딸 수 있을까? 요즘 시대에, 우리 세대에게 컴퓨터 공부가 유익하긴 할까? 차라리 공인중개사, 위험물 기능사, 조경 기능사 같은 자격증이 취업이나 생업에 더 도움이 될 듯하다. 그런데 막상 2급을 따고 나니 1급이 궁금하고 욕심이 난다. 어디서나 필요한 게 엑셀이기도 하다.

홀 안 사람들이 북적이기 시작한다. 내가 왜 이토록 뭔가를 갈구하는지, 그 이유를 난 알고 있다. 나에겐 중요한 무언가가, 그게 뭔지 모른다 해도 결핍되어 있다. 나사가 하나 빠진 존재, 내가 그런 사람이라고 생각한다. 내 존재가 잃어버린 나사 대신, 방 청소하다가 화장대 밑에서 단추 하나를 발견했다. 새 옷에 딸려 오는 스페어$_{spare}$ 단추, 아마도 셔츠 단추 같다. 허전한 가슴에 작은 위로가 된다. 그 작은 단추 하나가 뭐라고.

커피가 '3분의 2' 가량이나 남아있다. 마실까 말까, 망설이고 있는데 내 눈에 들어온 빨간 플라스틱 빨대. 분명 뉴스에서 플라스틱 빨대는 더는 쓸 수 없고 종이 빨대로 바꾸는 정책을 내놓았다고 들었는데, 아직 계도 기간인가? 편하다는 이유로 무분별하게 사용하는 플라스틱이 바다를 오염시키고, 고래와 같은 생물을 죽음에 이르게 한다. 법으로 제재하기 전에 우리 스스로 환경 보호를 위해 노력해야 한다. 저기 한강이 보인다. 한강 변의 아파트에 사는 족속은 도대체 어떻게 저 아파트를 손에 넣은 걸까? 돈이 돈을 번다는 말이 사실인가 보다. 사람이 돈을 버는 데에는 한계가 있다. 저렇게 아름다운 뷰를 돈으로 사고, 파는 건 말도 안 된다. 차라리 선택받은 자의 권리라고 생각하는 편이 낫겠다. 이 시대가 그렇다면 어쩌겠나? 받아들여야겠지. 로또 맞아도 살 수 없는 게 한강 뷰 아파트라면, 그저 기브업$_{give\ up}$, 그리곤 폴겟$_{forget}$.

날이 흐리다. 흐린 먹색의 하늘. 햇살도 좋지만, 이리 멋들어지게 흐린 하늘도 반갑다. 너무 좋다. 빗물을 잔뜩 머금은 하늘, 언제쯤 잭팟$_{jackpot}$이 터지듯 쏟아져 내릴까? 우울한 내 기분을 언제나 시원하게 씻어줄까? '우당탕탕' 비가 내려 준다면, 난 밖으로 뛰쳐나갈 거다. 하늘을 향해 양팔을 활짝 벌리고, 온몸으로 비를 맞으며 크게 웃으리라. '푸핫!' 미친년 소리 듣겠지만, 그래도 좋다. 이런 날이 얼마나 자주 있겠나? 얼굴을 때리는 비를 맞으며 괴성이라도 지르겠다. "난 미친년이다!"

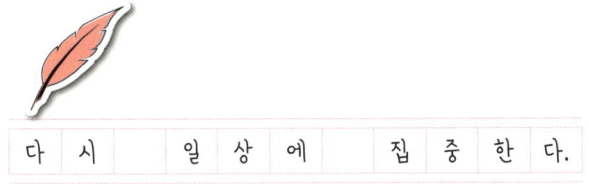

다시 일상에 집중한다.

11. 15.
mon (tue) wed thu fri sat sun **27**

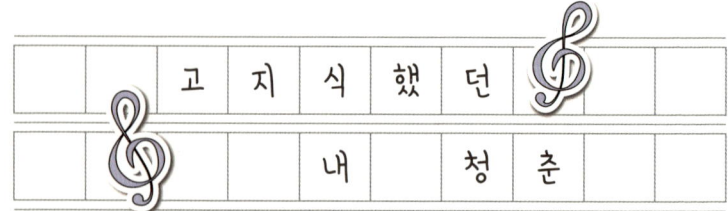

am 9:48에 김포한강생태공원점 할리스에서 씀

자욱한 안개를 뚫고 내가 뭐라도 된 것 마냥 강하게 엑셀Accelerator을 밟았다. 속도가 빨라지니 마음이 가벼워진다. 지금은 잔잔한 색소폰 소리를 들으며 차분히 가라앉고 있다. 어제는 옷을 사러 영등포 지하상가를 누비고 다녔다. 오랜만에 숨통이 트이는 듯했다. 싼 게 비지떡이라지만, 싸고 예쁜 옷들을 보니 마음이 들떠 즐겁게 쇼핑했다. 역시 외관을 잘 꾸미면 기분도 좋아지고 마음도 넉넉해지는 법이다. 첫인상이 중요한데, 첫인상을 좌우하는 것 중에 옷 입는 센스가 차지하는 비중이 꽤 크다. 오늘도 패션에 힘을 좀 주고 나왔더니, 자존감이 높아진 듯 허리를 펴고 걷게 된다.

어제저녁엔 비바람이 몰아쳤다. 내가 좋아하는 날씨여서, 기분이 굉장히 업up 되었다. 창문을 열어 놓고, 조명도 알맞게 켜서 고급 호텔 바처럼 분위기를 바꾸었다. 남편은 11시에나 돌아오니, 은은한 조명

아래서 테라 한 캔을 마시며 혼자만의 여유를 만끽했다. 무주도 이불 안에 자신만의 왕국을 만들어 놓고 행복한 시간을 보내고 있었다. 모든 게 완벽했다. 매우 'extraordinary', 드물게 주어진 상황! 고독한 혼자만의 시간을 즐길 줄 알게 된 것이 기쁘다. 루즈 웨이트$_{\text{lose weight}}$는 망했지만, 통통해진 배도 내 기분을 망치지 못한다. 오늘은 수요일. 재활용 쓰레기 버리는 날이다. 그러고 보니 내일은 동생 생일이자 수학능력 시험 날, 비행기 소음도 들리면 안 되고, 경찰차가 지각한 수험생을 실어 나르기도 하는 특별한 날이다. 우리 수험생들 이제 곧 답답한 번데기 시절을 벗어나 나비로 환생할 수 있으니, 조금만 더 힘내길! 너희의 날이 곧 온다.

창밖으로 공원이 보인다. 그 너머로 한강이 보여야 하는데 오늘은 안개만이 자욱하다. 지하철 5호선이 개통된다니, 분명 환영할 일이긴 한데, 완공까지 10년을 언제 기다리나? 10년 후를 생각하니 한숨부터 나온다. 그래도 난 현실의 기쁨을 추구하며 클래식을 듣는다. 자주 듣는 편은 아니지만, 클래식의 은근한 매력을 좋아한다. 남들은 이른바 '영끌해서' 대출을 받고 집 산다고 하는데, 난 '영끌해서' 임윤찬의 라흐마니노프 피아노 협주곡 연주에 신경을 모은다. 잘 모르지만, 남들이 좋다 해서 그냥 듣다가 보니 그 맛을 조금씩 알게 되었다.

아침 먹고, 커피 한 잔, 점심으로 쉐이크 한 잔, 4시에 마지막 식사, 그리곤 끝. 피골상접 프로젝트를 위한 오늘 나의 미션이다. 어제는 단지 치팅 데이였을 뿐이니 큰 의미는 두지 말자. 좋은 창가 자리는 이미 다 찼다. 헐레벌떡 서둘러 왔기에 나도 이 자리를 잡을 수 있었다. 조만간 여기도 너무 북적이게 되면 다른 곳으로 옮길 생각이다. 한적하고 조용해서 이곳을 찾는 것이지, 나를 흘끔거리는 남정네들 시선을 받고 싶지는 않다. 눈가 주름은 마스크로 가렸고, 옷가게 언니들의 추천을 받아 내 얇은 허리가 돋보이는 옷을 입으니, 거리를 두고 보면 나름 괜찮다. 어느덧 주름이 늘어가는 내 얼굴, 치사한 세월이 나에게 남긴 흔적이다. 세월 이놈, 때려죽이고 싶다. 내가 지금은 이래도 20대 때 길거리 캐스팅도 받았던 여자다. 나 좋다는 남자가 줄 섰었다.

비 온 뒤라 보도블록이 다 젖었다. 행여 흰 캔버스화에 흙탕물이 튈까 봐 조심조심 발걸음을 옮긴다. 땅이 젖어 지렁이들은 살맛 나겠다. 지렁이도 밟으면 꿈틀한다는 말이 있다. 고등학교 힘들게 졸업하고, 대학에 가면 달라질 줄 알았는데. 대학에서도 지렁이처럼 밟히며 살았다. 부모들은 자식들이 잘못되면 친구를 잘못 만나서 그렇다고들 핑계 대지만, 나야말로 친구들 잘못 둬서 병이 더 돋았다. 앞에 장애물이 있으면 돌아갈 줄 알아야 했었는데... 휴학할 생각은 꿈에도 못 하고, 그저 고지식하게 직진했던 대학 시절이었다. 그 결과는 내 인생도 망하고, 가족들까지 힘들게 만들었다. 항상 죄송스러운 마음뿐이다. 우리 부모님, 고마운 분들이다. 날 끝까지 놓지 않고 뒷바라지 해주셨다. 울 부모님 돌아가실 때까지 내가 잘 모실 거다. 효녀孝女여서가 아니라, 그게 당연한 자식 된 도리다. 요양원 가시게 두지 않고 내가 함께하며 책임질 것이다.

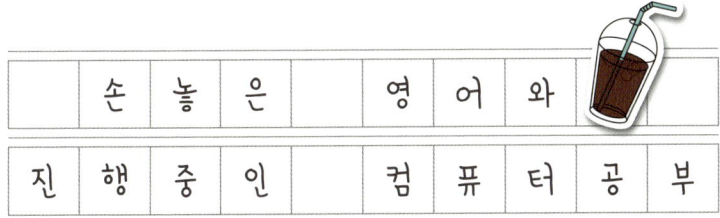

손	놓	은		영	어	와		
진	행	중	인	컴	퓨	터	공	부

am 11:30에 김포한강생태공원점 할리스에서 씀

좀 늦게 도착했더니 이미 사람들이 많다. 분위기도 up, 시끄러운 팝송이 터져 나오고 덩달아 나도 좀 들뜬다. 크리스마스는 아직 꽤 시간이 남았는데, 어쨌든 "왓스 업_{what's up}?" "오케이, 어 랏 오브 해피니스_{Okay, a lot of Happiness}". 사실 어느 직장엘 가든 일 잘한다는 소릴 들으면 들었지, 멍청하단 말은 못 들어봤다. 그런데 그거 아무 소용없더라. 일 더 잘하고 열심히 한다고 월급 올려주지도 않고, 오히려 더 우려먹을 생각만 하는 기업주들이 대부분이었다. 그래서 내 가치를 좀 더 높이고 싶었다. 그래서 영어 공부, 컴퓨터 공부를 시작했는데, 일단 영어는 망한 것 같다. 토익점수도 잘 안 나오고, 그냥 코리아헤럴드 읽을 수 있으면 만족하려 한다. 컴퓨터는 기본적인 'OA과정_{사무자동화}' 자격증은 다 땄으니, 컴활 1급 과정에 도전하고 있다. 조만간 'OO 컴퓨터 학원'에서 불러준다고 했다. 몇 개월이든 일 년이든 끈기를 가지고 도전할 것이다. 영어는 이제 손 놓는 게 나을 것 같다. 영어 문장만 봐도 신경질이 나고 가슴이 답답할 정도니, 포기하는 게 맞는 거 같다. 12월에는 운동도 다시 시작해야지. 헬스장에서 매일 가볍게 20분씩 걸을 계획이다. 다시 생각해도 '라인점핑'은 무리였다. 40분을 음악에 맞춰 방방 뛰는데, 30대였다면 몰라도, 이미 반백 년을 산 내게는 너무 무모한 도전이었다.

오늘은 검정색 롱치마에 베이지색의 목티를 입고 그 위에 브라운색 스웨터를 입었다. 머리는 감았는데 말리기 귀찮아 치마 색에 맞춰 검정색 야구 모자를 썼다. 반면 신발은 하얀색의 부츠를 선택했다. 그다지 마음에 드는 패션은 아니다. 무난한 정도? 또 쇼핑하러 영등포나 부평역 지하상가로 출동할 생각이다. 십만 원 정도면 사고 싶은 것 모두 다 살 수 있는 천국 같은 곳이다. 백화점 옷이 비싸다는 건 알고 있었지만, 실제로 비교해보니 그 차이가 너무 컸다. 아이스라테(ice latte)가 2분의 1 정도 남았다. 어떤 프랜차이즈 커피숍의 라테는 우유를 너무 많이 섞는다. 고소한 맛을 강조하려는 의도겠지만, 내 스타일은 아니다. 왜 이리 바지 입기가 싫은지 모르겠다. 치마는 무릎 위로 올라가는 종류가 싫고. 나이 탓일까? 젊었을 때와는 확연히 취향이 달라졌다.

하늘은 흐리다. 그렇다고 먹구름이 덮고 있는 것도 아니라, 담청색 정도의 빛깔이다. 소나무는 여전히 푸른데, 다른 나무들의 잎은 물기가 완전히 사라져 건드리면 부서질 것만 같다. 단풍이 생기는 이유가 온도 차이 때문이라던데, 푸른 잎을 보려면 또 다음 봄을 기다려야 한다. 사계절 잎사귀의 변화 과정을 보고 있으면 인간의 생사화복生死禍福, 희로애락喜怒哀樂과 비슷해 보여 안타까움마저 느끼게 된다. 그러나 그것이 식물의 숙명인 것이다. 본래 야생은 냉정하고 무서운 곳이다. 문화, 기술, 윤리, 제도 등으로 포장해 보지만, 결국 우리 인간도 야생에서 살아간다는 걸 부정하긴 어렵다.

차가운 라테를 마시니 불안하던 내 존재가 진정됐다. 내일은 어떤 멋진 패션을 선보일까? 그러려면 살을 빼야 하는데. '피골상접 프로젝트', '쫄쫄이 프로젝트'... 집중해서 수행해야 한다. 오늘은 울 남편 늦는 날. 밤 11시까지 남은 11시간, 무엇으로 채울까? 엄청난 시간, 아쉬운 건 엄청난 돈은 없다는 점. "가진 건 시간과 돈밖에 없다"하고 말할 수 있는 인생이 부럽다. 그저 "시간은 금"이라는 명제를 붙잡고, 남은 시간을 귀하게 사용해야겠다.

11. 18.
mon tue wed thu (fri) sat sun **29**

시	작	은		미	약	하	였	으	나,
그		끝	은		창	대	하	리	라

am 9:39에 김포한강생태공원점 할리스에서 씀

벌써 크리스마스 캐롤이 울려 퍼진다. 크리스마스Christmas. 오늘은 소라색 목티, 파란 니트, 검정 롱스커트, 캔버스화, 가방은 루이비통 대大자, 그리고 검정색 펜으로 스타트. 홀 안엔 아무도 없이 나 혼자다. 한국에 빈 살만M. bin Salman이라는 사우디 왕자가 다녀간다고 한다. 무슨 도시를 건설한다고 하던데. 나완 상관없지만 우리 경제에 도움을 준다니 관심을 가지고 뉴스를 본다. 70년대 중동 붐이 일었던 것처럼 우리 기술과 노동력이 중동 지역으로 유입되어, 실업난과 취업난이 해결되길 기대해 본다.

이태원 참사 때 인상적이었던 것이 'CPR', 심폐소생술이다. 보기엔 그리 어려워 보이지 않는데 한 번도 해본 적이 없으니 막상 그런 상황에 놓이면 어쩌나 하는 걱정이 든다. 실습 삼아 남편을 눕혀 놓고 깍지 낀 손으로 눌러 보았다. 그게 아니라며, 사실 나보다 잘 아는 것도 아닌데, 이런저런 훈수를 두는 울 남편이 귀엽다. 기회가 닿으면 제대로 교육을 받아놓아야겠다.

언제까지 이렇게 존재의 침식을 견뎌야 하나? 날개가 생겼으면 날기 위해 시도해야 하는데, 겁에 질려 웅크리고 있는 내 모습이 나도 싫고 답답하다. 나도 당당하게, 유명세도 좀 타며 멋지게 살아보고 싶다. "시작은 미약하였지만, 그 끝은 창대하리라." 그저 갈고 닦는 것에 그치는 삶이 아니라 내 바닥, 능력의 한계가 어디인지 끝까지 가보자는 거다. 난 믿는다. 아니 안다. 내 미래가 찬란하게 빛나리라는 걸. 적어도 먹고 사는데 아무 문제가 없으리라는 걸. 내 글을 읽어주는 이들 앞에서 당당하기 위해서라도 실력을 길러 나가겠다. 나에게 필요한 건 몇 가지 색깔의 펜과 넉넉한 종이뿐이다. 하루 종일 쓰라고 해도 못 할 이유가 없다. 내용과 지식도 필요하고 중요하겠지, 그러나 서술하고, 형용하고, 다양한 색채로 표현하는 능력이 더 중요하다. 비록 인풋$_{input}$은 탄탄하지 않지만, 이 부족함도 앞으로 채워나갈 거다.

픽션$_{fiction}$보다는 다큐$_{documentary}$가 더 취향에 맞기에, 시사저널이나 이코노미스트가 당기는 건 사실이다. 특히 많은 관심을 갖고 있는 분야가 경제 분야이다. 경제 활동만 잘 되면 세상이 편안해진다고 믿은 적도 있었다. 그런데 그게 아니더라. 정치 권력의 힘이 경제를 흥하게도 망하게도 한다는 것을 알게 되었고, 국제 정세, 국민 문화 수준 등이 경제에 미치는 영향이 크다는 것을 깨닫게 되었다. 역으로 생각하면, 경제의 흐름만 잘 읽어도, 정치, 문화, 외교 등 인간사에 대한 전반적인 이해를 얻을 수 있다는 의미이기도 하다. 요즘은 정치의 힘에 놀라는 때가 많다. 정치인들의 현란한 말의 힘을 실감하고 있다. 솔직히 그들의 말솜씨가 부럽다. 말 한마디 제대로 못 하고 늘 당하기만 하는 내 입장에선 정말 부러운 능력이다. 타고난 부분도 있겠지만, 평생 공부도 많이 해 머리에 든 게 많은 사람이니 나 같은 사람과는 비교가 안 되겠지. 당연한 일이다. 이렇게 글쓰기를 하는 이유 중에는 말의 논리력을 키우고 설득력 있는 화법을 연마하기 위한 것도 있다. 문제는 말을 연습할 기회가 많지 않다는 것이다. 남편의 경우 퇴근해서 돌아오면 늘 피곤한 상태여서 꼭 필요한 대화 외에는 말 걸기가 어렵다. 무뚝뚝한 경상도 남자는 아니지만, 상황이 그렇다는 거다. 친구인 S를 만나도 그 친구가 워낙 말을 잘하고 말도 많다 보니, 주로 듣게 되고 대답이나 좀 하다 헤어지곤 한다.

자꾸 욕심이 늘어간다. 글만 쓸 수 있으면 좋겠다고 생각했는데, 요즘은 이것저것 도전해 보고 싶은 일들이 많아지고 있다. 아이가 없으니, 상대적으로 자유 시간이 많은 편이다. 취업을 위해 면접을 봤는데, 자녀가 없는 건 분명 메리트$_{merit}$가 있지만, 나이도 많고 경력이 오래 단절되어서 어렵다는 대답을 들었다. 틀린 말은 아니다. 그러나 두고 보자. 날 놓친 걸 후회하게 만들어 주겠다. 참 겉도는 인생을 살고 있다. 어떤 공동체라도 소속감을 느끼고 인정받으며 살고 싶고, 내가 돈 벌어 쓰고 싶은 곳에 쓰며, 경제 활동의 주체로 살고 싶은데, 남편 밥상 차리고, 청소하며 이 세상의 주변인으로만 살고 있다는 생각에 슬퍼질 때가 있다. 시누이나, 동서는 돈 벌겠다고 일 나가고 하던데… 에라 모르겠다. 난 그냥 하던 대로 옷이나 사러 다니고, 언젠가 용기 내어 김치나 한번 담가보려고 한다. 남편은 또 무슨 난장판을 만들려고 그러냐며 타박하겠지만, 꼭 시도해 봐야지.

요즘 요양보호사 자격시험이 인기라기에 형님과 함께 학원 등록을 했는데, 결국 난 취소했다. 아무리 생각해도 내게 필요한 자격증이 아니더라. 어디 불이 났는지 창밖에서 소방차 사이렌$_{siren}$ 소리가 요란하게 들린다. 위험물 기능사 자격증이 있으면 필요한 회사에서 찾는다고 하여 2~3회 공부하고 시험을 봤었다. 결과는 50점대 점수를 받았는데, 남편은 공부 안 하고 찍어도 반은 맞겠다며 날 놀렸다. 화학식도 공부해야 하고 처음 듣는 용어들도 많아서 암기가 쉽지 않았다. 머리가 나쁜 편은 아닌데, 자꾸 떨어지니 자신감이 없어진다. 아주버님 말이, 학원에 가면 예상 문제 다 찍어서 풀어준다고 한다. 그래서 'HRD$_{고용노동부}$' 홈페이지에 들어가 학원 알아보니 울산광역시 학원만 나온다. 제길. 되는 일이 없다. 요즘 은행 저축 이자율이 높아졌다고 해서 기존 적금을 해지하고 다시 1년을 묶었다. 이자율이 5%나 된다니 기분 좋게 서류작업을 마쳤다. 남자도 그렇겠지만, 여자는 비상금을 갖고 있어야 한다. 우리 이모도 오백만 원 따로 챙겼다가 이모부한테 들켜서 난리 났었다. 남편들이 좀 서운하게 생각할지 모르지만, 나를 위해서, 그리고 가족을 위해서, 비상금, 필요하다고 생각한다.

11. 21.
30

(mon) tue wed thu fri sat sun

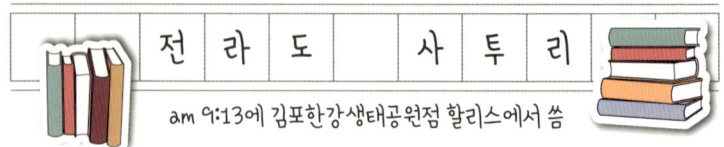

전 라 도 사 투 리

am 9:13에 김포한강생태공원점 할리스에서 씀

이번 주말엔 푹 쉬었다. 피자도 먹고. 내가 미쳤지. 옷이 허리에 맞질 않는다. 별수 있나, 또 '루즈 웨이트 lose weight 프로젝트'를 가동할 수밖에. 컨디션을 계속 좋게 유지하고, 살도 빼자. 이런 하루하루가 모여 한 주가 되고, 한 달, 일 년이 되다 보면, 약도 끊을 수 있다고 한다. 그나저나 휴진 한 번 안 하시던 교수님이었는데, 몸이 아프다고 하시니 걱정이다. 당뇨가 있다고 하신 것 같은데, 별일 아니기를 바란다.

향수처럼 음악을 구석구석 뿜어대는 카페 홀 안에 앉아있다. 나 빼고 손님은 단 한 사람. 우리 둘이 카페의 향기를 독점하며 만끽하고 있다. 무슨 노래지 하고 집중해 들어보니 캐롤이다. 마음껏 날아다니고 싶다. 저기 날아가는 새들은 자신들의 날개가 얼마나 큰 축복인지 알고 있을까? 쟤들도 고충은 있겠지. V브이자로 열을 맞춰 멋지게 비행하는 철새들도 많은 위험을 겪는다고 들었다. 그래도 자유롭게 공중을 나는 새들이 나는 부럽다. 난 평생 신을 믿어본 적이 없다. 성당 세례, 견진 세례 다 받았지만 무신론자다. 그래도 가끔 신을 찾고 싶어진다. 아니 정확하게 말해서, 신에게 도움을 청하고 소원을 빌고 싶을 때가 있다. 결국, 나도 나약한 인간이란 증거일까?

'자~ 오늘은 월요일.' 주말을 쉬고 나와서 그런지 에너지가 넘친다. 기분도 가볍고 좋다. 오늘은 제법 오래 앉아있을 수 있겠다. 루즈 웨이트 lose weight 에 충실하고, 내 감정을 다스리며 순리대로만 생각하고 반응한다면 더 좋은 하루를 보낼 수 있다. 인정하기 싫지만, 확실히 허릿살이 늘었다. 치마 허릿단이 꽉 조이는 게 신호다. 자기 관리를 게을리한 결과인데 누굴 탓하랴? 스스로 품격을 지켜야 한다. 비록 백수라도 규모와 규칙을 갖춰 시간을 사용해야 하고, 턱의 각도를 포함하여 얼굴 표정도 관리해야 한다. 무엇보다 말할 때와 들을 때를 잘 구분해야 한다. 그걸 잘못해 '눈치 없는 년'이란 소릴 듣긴 하지만.

내가 읽은 책 이야기 좀 해 볼까? '데미안'의 주제는 한 마디로 "알에서 깨어나"라 이고, '메밀꽃 필 무렵'에선 달빛이 메밀꽃 밭을 비추니 "하얀 소금 뿌려 놓은 것"처럼 메밀밭이 화한 장면이 인상적이었다. '수레바퀴 아래서'는 주인공의 비극적 결말에 감정 이입이 심하게 됐고, 단편 소설인 '운현궁의 봄'을 통해 흥선 대원군에 대해 좀 더 알 수 있었다. 헤밍웨이의 유명한 '노인과 바다'도 감동적으로 읽었고, 뮤라드 왕자가 나오는 '아도라'도 재미있는 책이다. 만화로도 각색되어 나왔는데, 만화광으로서 당연히 읽었다. '굿바이 미스터 블랙'도 재밌게 읽었고, 김영숙의 '갈채'도 높은 점수를 주고 싶다. 공산주의를 낳은 마르크스$_{K.\ Marx}$와 엥겔스$_{F.\ Engels}$ 평전도 생각난다. '비운의 장군 김재규'도 읽었다. 왕이 되거나 최고 권력자가 되면 세상을 마음대로 할 수 있다고 생각하겠지만, 최측근 인사에게 배신당하고 비명횡사하는 등 끝이 좋지 않은 경우를 역사에선 자주 보게 된다. 로마의 시저$_{Caesar}$가 그랬고, 장보고가 그랬으며, 김재규도 박대통령을 암살한 인물이다. 역시 인풋$_{Input}$을 늘리는 데에 독서보다 좋은 방법은 없다.

남편은 시어머니가 욕을 너무 많이 하신다며 불만을 토로하곤 한다. 그러나 나는 시어머니의 고향이 역사적인 고초를 많이 당한 호남지방이라 그러실 수 있다고 남편에게 설명한다. 땅이 기름져 쌀농사를 많이 지을 수 있는 지역이다 보니 수탈도 심하게 당했다. 조선 시대에는 부정한 탐관오리들에게, 일제 강점기에는 일본인들에 의해 강제로 빼앗김을 당한 역사가 있는 것이다. 박경리의 '토지'에도 이런 내용이 나온다. 그런 수난을 겪었기에 '동학 운동'이 태동한 곳이기도 하다. 광주 민주화 운동도 대표적인 사건이다. 그러니 말도 강해지고, 욕을 할 상황도 많았으리라. 한과 아픔이 많아 소설의 배경으로 좋았던 걸까? 조정래의 소설, '아리랑', '태백산맥', '한강' 등 이야기의 중심이 다 전라도다. 그런가 하면 전라도 사투리는 참 구수해서 듣기 좋다. 남편도 전라도 사람인데 사투리가 심하진 않다. 전라도 사투리를 듣다 보면 웃음이 나올 때가 많다.

청아한 파란색으로 펜 색을 바꿔본다. 배가 타이트한 느낌이다. 비상사태다. 이런 상태면 금요일에 구매한 롱스커트가 맞지 않을 수 있다. 어디서 강아지 짖는 소리가 들린다. 무주가 보고 싶어진다. 꼭 안으면 폭신하게 살이 눌리는 느낌이 사랑스러운 내 반려견. 무주가 사람과 달리 말을 못해서 좋으면서도, 때론 무주가 말을 할 수 있으면 좋겠다고 생각한다. 애니메이션 'UP'을 보면 개 목에 번역기를 채우면 개의 말을 알아들을 수 있게 된다. 그런 기술은 아마 내 생전에 나오지 못하겠지만, 그런 시대가 온다면 무주의 생각을 들어보고 싶다. 이제 라테를 다 마셨다. 평일 오전에 이곳에 오면 늘 만족도가 높다. 컴퓨터학원에서 연락이 올 시간이 다가온다. 컴활 1급 수업 개설 여부를 알려주기로 했다. 내일 모래까지만 참자.

11. 22.
mon (tue) wed thu fri sat sun **31**

글 로 데 생 하 다.

am 10:06에 김포한강생태공원점 할리스에서 씀

내겐 작지만 큰 소망이 하나 있다. 바로 로또(Lotto) 당첨. 로또 당첨만 되면 우리 빚도 갚고, 울 남편 사업 도와주고, 부모님 집 사실 때 보태 드리고, 조카들 학비 주고 등등 생각만 해도 좋다. 당첨된 것도 아니고 복권을 산 것뿐인데 기분 좋은 상상으로 행복해진다. 당첨될 확률이 거의 없어도, 이래서 사람들이 복권을 사나 보다. 어제도 영등포 지하상가에 가서 옷을 샀다. 특히 이너웨어는 굳이 비싼 백화점에서 살 필요가 없다. 빨간색 스웨이드 소재 윗옷도 한 벌 샀다. 기분이 고조 되고, 행복해지는 데 십만 원도 안 들었다. 옷장이 채워지면 뿌듯한 희열을 느낀다. 인생이 그런 거 아니겠나. 일상의 소소한 만족과 감동에서 시가, 그림이, 노래가 나온다. 나의 경우 글의 소재가 나온다. 아이스라테(ice latte)냐 따뜻한 라테냐, 사소한 선택의 순간이 나에겐 삶의 주도권을 행사하는 행복한 일상이다. '네옴시티'를 만들겠다는 빈 살만의 거대 프로젝트에 우리나라가 참여하게 된다니 참 기쁜 일이다. 자~ 이제 우리 다시 화이팅 합시다. 나의 일기 나부랭이가 사람들을 웃기고, 울리고, 행복하게 할 수 있다면 얼마나 좋을까? 드라마 속 우영우가 친구 최수연을 묘사했던 표현처럼, 나에게도 '따뜻한 봄날의 햇살'이 올까? 나도 누군가에게 꽃이 될 수 있을까?

카타르에서 월드컵이 열린다. 축구하면, 손흥민이지. 슬럼프도 올 수 있지만, 잘 버텨주길 바랍니다! 손흥민 선수. 사랑하고 고맙습니다. 빨간 '비 더 레즈 be the reds!' 티셔츠라도 입고 응원해야 할까 보다. '대한민국! 우리도 일상으로 돌아가 최선을 다해 각자의 책임을 완수합시다.'

오늘은 화요일. 오늘만 잘 참자. 내일이면 결정 난다. 컴퓨터 강사가 연락을 준다고 한 날이 내일, 수요일이다. 제발 좋은 소식이길 바란다. 컴활 1급 도전, 꼭 이루고 말리라. 다시 고삐를 바짝 조이고, 박차를 가해야 한다. 책도 더 열심히 읽자. 시사저널, 이코노미스트, 포춘지 등등... 너무 어려워서인지 집중이 되지 않는다. 쉽고 재밌는 소설부터 다시 시작하자. 그래야 더 좋은 글을 쓸 수 있다. 오늘 비 소식이 있던데, 그림 같은 풍경 또 볼 수 있으면 좋겠다. 주룩주룩 떨어지는 가을 빗줄기. 내리는 비가 내 쓰라린 앙금들을 다 씻어주길 바란다. 흠뻑 비를 맞고 나면 젖은 내 마음속 실존의 지렁이들이 꿈틀거리길 기대한다.

11. 23.
mon tue wed (thu) fri sat sun

32

한恨

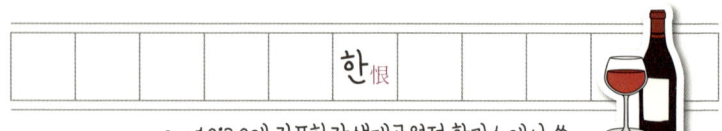

am 10:20에 김포한강생태공원점 할리스에서 씀

습관처럼, 아니면 거룩한 종교의식처럼, 오늘도 치장하고 달려와 이곳에 자리를 잡았다. 사람들로 북적이는 이곳의 온기가 익숙하게 느껴진다. 사계절 중 어떤 계절이 제일 먼저인지 알 도리가 없으나, 가을이 가장 먼저이지 아닐까 한다. 만물이 소생하는 봄도 첫 번째 자리에 어울리지만, 추운 계절 겨울을 예고하는 가을이 가장 앞에 서는 것이 나는 좋다. 차디찬 고난에 대한 두려움을 늘 대비해야 하는 나의 성향 탓이리라. 다음 주 초부터 비가 온다고 한다. 비가 오고 나면 당연한 수순手順으로 날이 추워질 것이다. 단기적인 일기예보는 정확히 맞추기가 어렵겠지만, 큰 관점에서 보면 항상 일정하게 자연은 흘러가고 있음을 알게 된다. 어쨌든 비가 온다니 내 감성을 미리 깨워 놓아야겠다. 비를 기다리며 무엇을 준비해야 하나? 남편이 늦는다면, 조명을 밝히고 홀로 와인wine을 마시리라. 비가 내리는 멋진 날, 내 왕궁에 누구도 초대하고 싶지 않다. 그날을 손꼽아 기다린다. 안 그래도 요즘 알코올이 고팠는데, 와인과 함께 맞이하는 빗줄기, 생각만 해도 좋다. 와인은 드라이$_{dry}$하면서 라이트$_{light}$한 종류를 추천한다. 소믈리에$_{sommelier}$는 아니지만, 와인을 즐기는 내 나름의 방식은 가지고 있다. 여유가 있고, 기회가 된다면 거실 한 켠에 와인바를 만들고 싶다.

소심하고, 하고 싶은 말 혼자 삭히는 스타일의 나. 앞으로는 사람도 골라서 만나야겠다. 하고 싶은 말 다 하고 사는 사람과 보내는 시간이 좀 피곤하다. 그들의 사는 방식을 내가 뭐라 할 자격은 없지만, 그들이 쏟아내는 말의 홍수를 내가 들어줘야 할 이유도 없지 않은가? 남의 말, 험담을 많이 하는 사람과의 만남도 늘 좋지 않은 뒷맛을 남긴다. 내 귀중한 시간, 소중한 에너지를 그런 사람들을 위해 낭비하고 싶지 않다. 취직해서 낯선 일 배우고 새로운 환경에 적응하는 건 참고 할 수 있겠지만, 사람 갈구고 피곤하게 하는 족속들과 함께하는 건 최악이다. 사람 관계에 어려움을 겪는 나이지만, 적어도 사람 상대하는 것이 얼마나 힘든 일인지는 잘 알고 있다. 어려운 관계로 치면 시댁만큼 어려운 것도 드물다. 그렇다면 '이제 누구와 대화를 나눠야 하나' 하는 생각도 든다.

갑자기 뻐꾸기 소리가 듣고 싶다. 뻐꾸기 울음소리를 들으면 무장해제 되듯 경직된 마음이 부드럽게 풀어진다. 무심하게 은은하기도 하고, 깊은 한이 맺힌 듯 구슬프기도 한 그 소리를 들으면 마치 서글픈 내 마음이 위로받는 느낌을 받는다. 소쩍새 울음소리도 깊은 울림을 준다. 원한이 많은지, 한이 많은지, 애곡하는 듯한 소쩍새의 울음소리도 잠들어 있던 나의 영혼을 깨워주는 귀한 소리다. "영혼을 깨워주는 귀한 소리"라... 그런 소리가 내게도 있었다. 나에게도 꿈, 사랑, 믿음을 소중하게 여기며 지켜나가던 때가 있었다. 세상 어려운 줄 모르고... 지금 생각해 보면 철부지, 애송이가 맞겠다.

아직 로또를 맞춰보진 않았다. 나에게 소소한 기쁨과 허황하지만, 큰 희망을 주는 여섯 개의 숫자. 뭔가가 솟구쳐 오른다. 내 실존을 덮고 있는 비정상적인 호르몬이 또 뛰놀기 시작하나 보다. 나를 내던질 무언가가 필요하다. 아니면 빨간 깡통을 타고 스피드를 즐기는 것도 좋겠다. 이 터져버릴 듯 부글거리는 기분을 가라앉혀야 하는 건지, 본능에 순응하듯 치달려 나가야 하는지, 어려운 선택이다. 벌써 크리스마스트리에 캐롤송이라니, 곧 12월이구나. 살살 달래며 가라앉히자. '워워~!'

11. 25.
mon tue wed thu (fri) sat sun

33

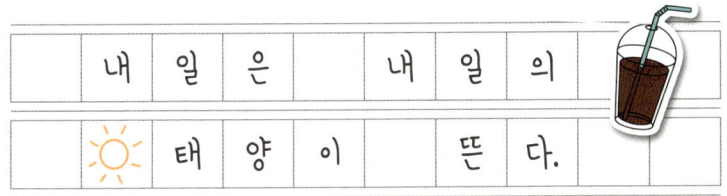

	내	일	은		내	일	의	
	☀	태	양	이		뜬	다.	

am 9:39에 김포한강센트럴점 할리스에서 씀

목이 마른다. 아이스라테를 벌컥벌컥 들이킨다. 어제저녁엔 무주와 함께 동네를 한 바퀴 돌았다. 앞서거니, 뒤서거니, 모처럼 편안한 산책을 즐겼다. 남편은 위험하다며 밤늦게 돌아다니지 말라 한다. 한편에선 한국 치안이 세계 1위라며 자화자찬하는데, 어느 통계가 맞는 건지 모르겠다. 만약을 대비해 가급적 늦은 시간 후미진 장소는 피하는 게 맞지 싶다. '바람과 함께 사라지다'의 주인공, 스칼렛 오하라의 명언을 기억하자. "내일은 내일의 태양이 뜬다." 난 이런 신념으로 살겠다.

컴활 공부를 할 수 있게 되었다. 월, 수, 금 1시간씩, 비용은 150,000원, 기간은 자격증 딸 때까지. 정말 다행이다. 6개월, 아니 1년이 걸리든 반드시 해내리라. 2022년도 얼마 안 남았다. 곧 2023년, 내 나이 50이 된다.

11. 28.
(mon) tue wed thu fri sat sun

34

피皮	골骨	상相	접接			
프	로	젝	투	의	서	막

am 10:34에 김포한강생태공원점 할리스에서 씀

요즘 카페 풍경이 과거와는 많이 달라졌다. 본래는 차를 마시며 서로 '토킹 어바웃talking about' 하는 장소였는데, 요즘은 혼자 와서 노트북으로 뭔가 하는 사람들이 늘어났다. 나도 질 수 없어, 값싼 노트북 하나 들고 유행에 편승했다. 'MZ세대'라도 된 양, 커피를 마시며 노트북으로 뉴스를 읽고, 코로나 상황도 체크하고, 연예계 가십도 섭렵한다. 요즘 핫hot 한 드라마, '재벌집 막내아들' 아주 재밌게 시청하고 있다. 송중기, 너무 잘 생겼다. 사슴 같은 눈망울, 오똑한 콧날, 섹시한 입술, 아줌마 팬들의 사랑을 독차지하기에 충분하다. 그래도 내 타입은 아니다. 난 예쁘장한 남자보다는 남자답게 생긴 스타일을 좋아한다. 예를 들면, 우리 남편 같은 스타일. 염병. 오늘 날씨, 비 온 후 갬, 운이 좋으면 무지개를 볼 수 있을지 모른다. 시끄럽게 떠들던 이들이 퇴장하니, 카페 안이 도서관 열람실처럼 고요하다. 차이가 있다면 음악 소리가 들린다는 거. 오늘부터 컴활 1급 수업이 시작된다. 정신 차리자.

그동안 잘 쉬었지? 컴퓨터 수업과 함께 피골상접皮骨相接 프로젝트도 오늘부터 다시 시작이다. '헐~ 비가 쏟아지네.' 지붕 위에도, 길바닥에도, 내 빨간 깡통 위에도 두드리듯 비가 내려온다. 우산 없이 나왔는데 큰일이다. 모르겠다. 그냥 예쁜 옷이나 살 생각하자. 난 패셔니스타니까, 분위기 좋고 스태프들도 친절한 할리스, 오늘 시공간을 내 기억, 아니 추억 안에 저장해 두고 싶다. 엇, 해가 나오려고 한다. 무지개 어디 있어? 보이지 않는다. 머리가 맑아진다. 그리고 편안하다. 이거면 충분하다. 가끔 꿈을 꾼다. 내가 유명해져서, 기부도 하고, 그렇게 사는 꿈. 그렇게 산다면 얼마나 신이 날까? 실상은 진흙탕을 저벅거리며 걸어왔다. 그간 고생 많이 했다. 스스로 위로한다.

창가 자리가 만석이라, 보통 때와 다른 자리에 앉아있다. 다른 자리에 앉아서인지, 오늘따라 홀 안의 조명이 눈에 들어온다. 모양이 독특하다. 크고 넓적한 사발을 거꾸로 뒤집어 그 안에 전구를 끼워 철재로 묶어 놓았다. 나름 신경 썼네. 여하간 내일은 더 일찍 준비해서 내 자리를 되찾아야겠다.

11. 30.
mon tue (wed) thu fri sat sun

35

	눈	치		없	는	
	나	르	시	시	스	트

고촌점 투썸에서 씀

히터를 틀었는지, 홀 안이 훈훈하다. 내 자존심을 심하게 건드리는 사건이 오늘 발생했다. 내 사전에 66이란 있을 수 없다. 곧 죽어도 55로 밀고 나간다. 나를 눈치 없는 나르시시스트라 욕해도 좋다. 끝까지 55 사이즈를 고집할 것이다. 좁은 홀 안에 사람들의 두런대는 소리가 가득하다. 머리가 아파져 온다. 내가 내 발로 찾아왔으니 원망할 수도 없다. 입안도 느글거리고, 머리는 기름을 치지 않은 기계처럼 뻑뻑하게 돌고 있다. 눈도 침침하다. 가슴은 간절히 원하는 게 있는 것처럼 심하게 발길질하고 있다. 이 답답한 심정, 나 자신과 힘겨운 싸움, 이젠 지겹다. 모든 것을 던져 버릴지, 그냥 안고 갈지. 딜레마dilemma, 진퇴양난, 선택의 기로를 마주하고 있다. 매뉴얼을 따라 은단 몇 알을 입에 넣어 본다. OO은단 매뉴얼. 어느 정치인이 복주머니 안에 해결책을 넣고 위기가 오면 하나씩 꺼내 보는 것처럼, 나도 상황에 따라 꺼내는 매뉴얼이 있다. 타임캡슐을 깊은 산 나무 아래 묻어 두었다. 10년 정도 지나 꺼내어 볼 생각이다. 과거의 나를 꺼내어 현재의 나와 비교하는 일은 두려운 일이기도 하다. 10년이란 시간 동안 내가 어떻게 변해갈지 예측하기 어렵다. 어제는 비바람이 심하게 불었다. 은단 때문인지 내 입안에도 바람이 분다. 김범용의 '바람, 바람, 바람'을 흥얼거린다. "그대 이름은 바람, 바람, 바람 왔다가 사라지는 바람~"

길 위에 사람들은 모두 패딩 잠바를 입고, 목도리를 두르고, 어딘가로 바쁘게 이동하고 있다. 자신들이 누군가의 시선에 갇혀 있다는 건 모르겠지. 관찰자의 관점에서 사람들을 바라보는 걸 꽤 즐긴다. 재충전이 필요하다. 쥐어 짜내는 작업에 몸도 마음도 지쳤다. 글에 마음이 담겨 나와야 하는데, 그러질 못하고 있다. 내가 누군가를 위한 삶을 산다고 생각하진 않는다. 그렇다면 자유롭다는 건데, 이런 자유가 반갑지는 않다. 오히려 이 자유는 나에게 족쇄로 느껴진다. 20년이 넘는 결혼 생활에서도 아무것도 이룬 게 없다. 묻고 싶다. 이렇게 살아도 괜찮은 건가? 악다구니를 써 봐도 변하는 건 없다. 그래도 한마디 해야겠다. "정신 차렷, 밥상 차렷, 전체 차렷!" 어느새 리듬을 타고 있는 나. 확실한 건, 초록빛은 펜이요, 하얀 것은 종이니라. 오래 앉아있는 게 너무 힘들다. 들썩들썩, 불안과 초조. 아무 일 없다는 듯이 나를 감아 돌리는 음악 소리. 무기력하다. 이 자리에서 그냥 눕고 싶다. 완전 방전, 배터리가 다 되었나 보다. 렉카차를 기다리는 퍼진 자동차, 지금의 내 모습이다.

2022년 달력도 이제 1장 남았다. '나의 지크프리트 왕자님[1]은 언제나 오실런지...'

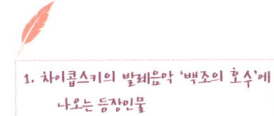

1. 차이콥스키의 발레음악 '백조의 호수'에 나오는 등장인물

서정적 자아와의

만
담

mon tue wed (thu) fri sat sun 12. 1.

36

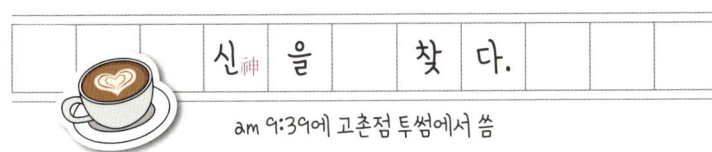

| | | 신神 | 을 | | 찾 | 다. | |

am 9:39에 고촌점 투썸에서 씀

밖은 꽤 춥다. 체감온도 -15°란다. 색깔도 칙칙한 두꺼운 옷을 휘감은 사람들이 인상을 쓰고 걸어간다. 내 옷장 클로젯closet에도 검정색 옷이 많다. 사람의 심리가 다 그런가? 또 여름엔 주로 화이트를 입기도 하니까. 나의 'favorite color'는 핑크다. 어려 보이려고? 귀엽게 보이려고? 됐고... 천고마비天高馬肥, 하늘은 높고 말은 살찐다는 계절이네, 독서의 계절이네, 가을을 맞이한 게 얼마 전인 것 같은데, 칙칙한 옷을 여미는 겨울이 와버렸다. 이제 한 달 후면, 2023년이다. 그런데 별 감흥 없이 담담하기만 하다. 아직 해야 할 일이 많이 남아서 그런 건가. 아직 이른 시간이라 손님은 나뿐이다. 애써 음악에 귀를 기울여 보지만, 낯선 음악이라 그만두기로 한다. 시선을 돌려 창밖 고촌의 중심 사거리를 바라본다. 우체국도 보이고, 농협이며, 도서관 등등 없는 거 빼곤 다 있다. 차도 참 많다. 내 빨간 깡통이 요즘 자주 괴성을 지른다. 어르고 달래지는 못할망정, 더 강하게 학대하고 있진 않은지 반성하게 된다. 때론 아무 신神이나 붙잡고 읍소하고 싶을 때가 있다. 나를 불쌍히 여겨 복을 내려 달라고. 울 남편 사업 잘되게 해주시고, 부모님 집 한 채 사드리고. 난 이 병에서 벗어나게 해달라고... 성당 가서 미사도 드리고, 절에 가서 기도도 하는 나는 무신론자가 맞나? 단테의 '신곡'이라도 읽어야 할까?

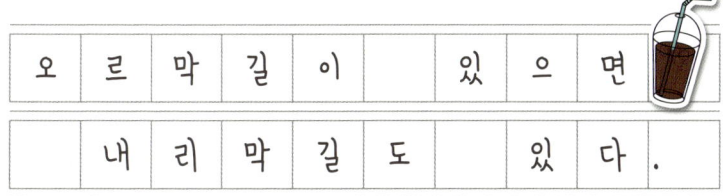

| 오 | 르 | 막 | 길 | 이 | | 있 | 으 | 면 |
| 내 | 리 | 막 | 길 | 도 | | 있 | 다 | . |

am 10:20에 고촌점 투썸에서 씀

어제저녁도 잘 참아냈다. 3시에 왕뚜껑을 먹고 컴퓨터 앞에 앉아 OO 맥주 한 잔이 마지막이었다. 알코올이란 게 몽롱한 희열감을 준다. 왜들 알코올에 빠지고 중독되는지 알 것도 같다. 마음을 다잡아야겠다. 또 그 현상이 일어나고 있다. 입안이 느물거린다. 급하게 은단을 입에 털어 넣는다. 노력하여 여기까지 올라왔는데, 다시 추락할 순 없다. 뭐든 그렇다. 오르막길이 있으면, 반드시 내리막길이 이어진다. 인생도 그렇다. 올라갔다가 내려오고, 얼마나 부드럽고 안정적으로 걸어가느냐가 중요하다. 헐, 대출 상환 문자가 왔다. 어디 부탁할 곳도 없는데... 그나저나 매뉴얼대로 했는데 차도가 없다. 당장이라도 자리를 박차고 나가고 싶다. 심신이 무너진다. 내면 깊은 곳에서 부글부글 끓고 있는 이 기운은 도대체 무얼까? 발끝부터 정수리 꼭대기까지 꽉 차 있는 제어할 수 없는 이 기운. 내 손에 칼 쥐여주지 마라. 뭐든 다 쑤셔버릴 테니까. 내 손에 사포 쥐여주지 마라. 싹 다 갈아버릴 테니.

12. 5.

38

(mon) tue wed thu fri sat sun

| 열 | 등 | 감 | 을 | | 동 | 력 | 삼 | 아 |

am 9:18에 고촌점 투썸에서 씀

글은 시작도 안 했는데 라테를 3분의 2나 마셔 버렸다. 훈훈한 공기, 음악도 괜찮고, 햇살도 멋지게 들어와 자리를 잡고 있다. 모든 것이 완벽한 아침. 이제 필feel만 받고, 시동 걸어 일필휘지 一筆揮之로 써나가면 된다. 전세 계약 연장하고, 대출도 연장하는 날이다. 컴퓨터 수업도 빠지고, 굉장히 바쁜 하루를 보내게 될 것 같다. 생각만으로도 머리가 무겁다. 어제 뉴스에서 보니, 머리에 칩을 넣어 병을 고칠 수 있다고 한다. 내 병을 고칠 수만 있다면 나도 기꺼이 임상시험에 참여할 의향이 있다. 나에게 솔직해지자. 내가 진정 원하는 것이 무엇인지. 원하는 것을 얻기 위해서는 망설여서는 안 된다. 자신감이 있어야 한다. 그러나 자신감만 성공의 비결이 아니다. 열등감을 동력 삼아 성공한 사람들의 이야기도 많이 있다.

지독한 욕구불만에 시달리고 있다. 식욕이 채워지지 않는 것도, 포기하고 싶은 나태함도 한몫하는 것이겠지. 내가 남편에게 무슨 짓을 한 거지? 예쁜 아기 품에 안겨주지도 못했고... 자괴감과 자기연민이 동시에 밀려온다. 그렇다고 내가 또 못 해준 게 뭐야? 갈증이 난다. 사막을 지나다 오아시스를 보았다. 손에 닿을 듯 말 듯 한 그것은 신기루였다. 나 자신을 나는 너무 잘 안다. 독선적이고, 고집스러워 내 성질 못 이기는 미련하고 한심한 사람이라는 걸, 잘 알고 있다. "빼앗긴 들에도 봄은 오는가?" 지금 내 심정을 잘 대변해 주는 시구다. 나에게도 봄날이 올까?

12. 6.
mon (tue) wed thu fri sat sun

39

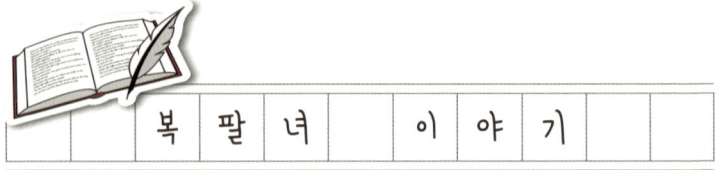

| | 복 | 팔 | 녀 | | 이 | 야 | 기 | |

pm 12:01에 김포한강생태공원점 할리스에서 씀

사실 내 나이라면, 애들 등교시킨 후 출근했다가, 퇴근 후 집안일하고, 애들 돌보는 맞벌이 부부 생활이 일반적일 텐데. 이렇게 한가롭게 카페에 앉아있을 수 있는 게 복이라면 복이겠지. 물론 애도 없고, 직장 생활도 하지 않는 나를 비웃고 한심하게 생각하는 사람이 있을 거다. 그래도 어쩌겠나, 난 복福 받은 녀女인데. 줄여서 '복녀'라 칭하겠다. 팔자八字 좋은 년이란 뜻으로 '팔녀'라고도 부르자. 그래 난, 복녀 또는 팔녀, 줄여서 '복팔녀'이다, 어쩔래? 스스로 합리화하고 위로하자면, 나 자신만을 위해 충분한 시간을 투자할 수 있고, 배우자를 위해 온전히 헌신할 수 있는 장점을 갖춘 여자가 바로 나다. 어른들은 애가 없으니 말년에 무척 외로울 거라며, 날 안쓰럽게 보지만, 나에게는 반려자 남편과 반려견 무주가 있다.

난 스스로 모범생이었다고 생각한다. 예기치 못한 복병을 만나 좀 비뚤어진 삶을 살게 되었지만 말이다. 지구가 23.5° 기울어져 있는 것처럼, 나는 그대로인데 세상이 나를 비뚤어진 사람으로 만들어 버렸다. 우리가 잘 아는 단군신화 이야기. 호랑이와 곰이 마늘하고 쑥만 먹고 나오면 사람이 된다는 이야기, 결국 곰만 성공해서 아름다운 여인이 되었고, 호랑이는 실패하고 만다. 딱 그런 경험이 내게도 있었다. 동생이 공무원 시험 준비를 같이하자고 한 적이 있다. 요점 정리해서 알려줄 테니, 나에게 영어를 가르쳐 달라고 했다. 난 아직 마음의 준비가 안 되었다고 먼저 시작하라고 했고, 동생은 당당하게 9급 공무원 시험에 합격했다. 그때 같이 준비했다면... 나도 웅녀熊女가 될 수 있었을까?

모든 인간이 꼭 생산적이고 효율적이어야 하는 건가? 모든 걸 돈으로 환산하는 황금만능주의 시대라 어쩔 수 없는 건가? 난 소비적인 삶, 돈 쓰러 다니는 삶이니 비생산적이고, 쓸모없는 인생이라는 거냐? 대답해 봐. 나도 곧 생산적인, 돈 많이 버는 사람이 될 거다. 어떻게 벌 건지는 나중에 말해주마. 은단으로 또 속을 식혀 본다. 참아내자. 인내심을 가지고. 식탐도 참고, 나쁜 버릇도 참고, 그래야 추락을 면할 수 있다.

12. 7.
mon tue (wed) thu fri sat sun

40

손 흥 민 의   세 리 머 니

am 11:04에 김포한강생태공원점 할리스에서 씀

오늘은 부드러운 고급 원단의 베이지색 롱스커트를 입고, 위에는 베이지색 목폴라 티와 갈색 뽀글이 잠바를 입었다.

어제 간헐적 단식도 계획대로 잘 마쳤기에, 기분도 최고다. 체중계에 올라가고픈 마음을 겨우 눌렀다. 며칠 더 관리해서 이제다 싶을 때 올라가리라. 그래 이렇게 서서히 식탐도 줄이자. 하루가 이틀 되고, 일주일 되고, 몇 달 되면 옷발 잘 받는 내가 될 것이다. 그건 그렇고, 객관적인 눈으로 내 삶을 돌아보니 화가 난다. 오늘도 내가 나 자신을 끌어 내리는 건가? 신파조로 청승맞게 자가 진단, 아니 자아비판의 글을 또 쓰게 되는 건가? 그런 글이 된다 해도 어쩔 수 없다. 내가 인생을 헛살았다는 사실을 깨달아 버렸기 때문이다. 나이 50에 해 놓은 게 아무것도 없는 지금의 나는 누가 봐도 서글픈 인생이다. 그러면 내 미래는 어떨까? 남편은 연금 받아먹으며 잘 살면 된다고 하지만, 난 그 정도에 만족할 수 없다. 삶의 질을 향상하고 싶은 욕망은 인간의 본성이다. 인류의 문화는 4대 강 유역에서 발생해 이후 줄곧 삶의 질을 향상하기 위해 노력한 것이 인류의 역사라고 해도 과언이 아니다. 됐고... 요즘 나의 최애 인물은 손흥민이다. 손흥민의 현재 모습은 그의 아버지가 만들어낸 결과물이라고들 한다. 가슴이 벅차오른다. 카메라가 손흥민을 따라간다. 골을 성공시킨 손흥민이 멋진 세리머니ceremony를 선보인 후 동료들과 얼싸안는다. 사랑하는 나의 영웅, 손흥민. 땀에 젖은 유니폼을 던져 주세요. 가보家寶로 간직할게요. 당신을 영원히 가슴속에 묻고, 계속 지켜보겠어요. '오~ 나의 달링.'

오늘 남편은 늦는다. 아니다 일찍 온다. 어제저녁, 책 정리를 하는데 유독 한 권의 책이 눈에 들어왔다. '정의란 무엇인가?'justices-원저명 누군가 샀으니 집에 있겠지만, 읽은 기억이 없다. 그래도 낯설지가 않았다. 아마도 서점에서도 눈에 들어왔던 제목이어서 그런가 보다. 나중에라도 꼭 읽어야겠다.

 12. 8.

내 사 랑   화 이 트 와 인

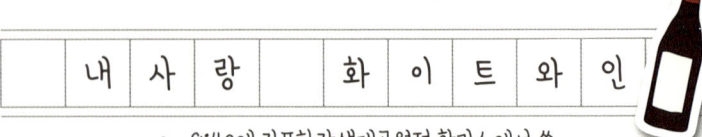

am 9:40에 김포한강생태공원점 할리스에서 씀

마감일을 지켜야 하는 작가도 아닌데, 혼자 서둘러 달려왔다. 자아~ 일단 진정하고. 크리스마스가 이제 사정권까지 접근했다. 딱히 특별한 이벤트도 없고, 큰 기대도 하고 있지 않은데, 마음이 괜히 분주하고 들뜬다. 어제는 크리스마스트리도 장식하고, 마트에 가서 화이트 와인도 샀다. 추천받은 것으로 구입했는데, 나도 모르게 무릎을 '탁' 칠 만큼 대단한 맛이었다. 목 뒤로 넘기는 순간 신세계가 펼쳐지며 멀리서 종소리가 울리는 느낌. 레드 와인은 몇 번 맛봤지만, 화이트 와인의 풍미가 더 좋다는 것을 이제야 알게 되었다. 평소보다 좀 더 투자해서 50,000원짜리 고급 와인을 고른 보람이 있었다. 와인 마니아라도 된 듯, 아직도 흥분이 가라앉지 않는다. 병 모양도 심플해서 오히려 이 거대한 맛의 향연에 반전 매력을 더해준다. 맥주? 버터맥주가 괜찮다는데 시중에선 구하기 어렵더라. 여하간 화이트 와인, 널 만나 내 입이 호강하는구나! 내 안의 향기를 일깨워 주는 너, white wine! 사랑한다, 아주 많이. very very too much. 나의 모든 신경이 한 모금 더 달라고 아우성치고 있다, 오늘은 남편이 늦는 날. 혼자만의 밤, 은은한 조명 아래서 이 와인을 또 음미할 수 있다니, 혼자 있는 시간을 이토록 기다리게 만들어 주다니, 대단한 와인!

12. 12. **42**

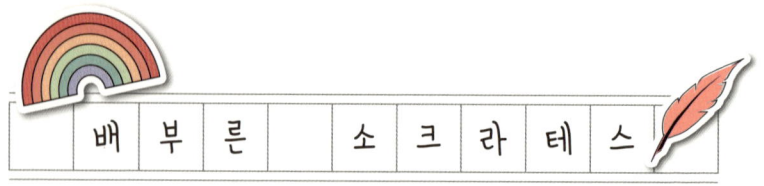

배 부 른   소 크 라 테 스

am 9:22에 김포한강생태공원점 할리스에서 씀

글을 쓸 수 있다는 건, 분명 축복이다. 글만 쓸 수 있다면, 다른 건 그리 중요하지 않다. 특히 한글로 쓴다는 것. 한류 The Korean Wave 열풍이 휘몰아치는 요즘, 한글로 글을 쓴다는 건 더 특별한 축복이다. 홀 안에 다른 손님은 없다. 늘 비슷한 시간에 비슷한 장소에 앉아 늘 새로움을 맛보게 해주는 것도 글쓰기의 힘이다. 커피는 늘 마시는 라테 latte, 아직 5분의 4정도 남아있다. 혹자는 말한다. 아니 질문 ask 한다. 배부른 돼지가 될 건지, 아니면 배고픈 소크라테스가 될 건지? 조금의 망설임도 없이 난 대답한다. 배부른 테스형이 되겠다고. 너무 이기적인가? 그래도 할 수 없다. 난 돈도 많이 벌고 싶고, 머리도 꽉 찬 사람이 되고 싶으니까. 그래서 닥치는 대로 계속 읽어댔다. 요즘은 책에 집중하지 못하고 있지만, 다시 독서에 열중할 수 있는 때가 도래할 것을 믿고 있다. 독서를 못 하는 요즘은 본능을 따라 글을 쓰고 있다. 누구도 본능을 무시하고 거스를 순 없다.

월요일을 기분 좋게, 그리고 충만한 느낌으로 시작해 너무 기쁘다. 좀 더 의미 있는 한 주를 보내자고 스스로 다짐한다. 두 손 불끈 쥐며 맹세해 본다. 한 곳만 보고 가겠노라고. 절대 타협하지 않고, 무엇에도 종속되지 않으며, 목표를 향해 달려 나가겠다. 혹독한 겨울을 보내고 있지만, 빼앗긴 들에도 곧 봄은 올 것이다. 밤낮없이 내리는 비나 몰아치는 폭풍우 속에서도 노아의 방주가 어디에 정박해 있는지 밤새 성경을 뒤지리라. 속에서 알 수 없는 분노가 치밀어 오른다. 내 원초적 본능은 성악설을 증명한다. 교육으로 순화하는 것은 임시방편일 뿐이다. 성인이 되어서도 비틀린 세계관으로 살아간다. 비뚤어진 내 본성은 어쩔 수 없는 일이다. 지구를 역으로 돌릴 수 있는 건 영화 속 슈퍼맨만 가능하다. 비뚤어진 나를 돌려놓을 슈퍼맨은 어디에 있나?

12. 13.
mon (tue) wed thu fri sat sun

43

| | 사 | 명 | 감 | | |

am 9:39에 김포한강생태공원점 할리스에서 씀

오만 원짜리 블랙 원피스에 OO브랜드 롱패딩을 입고 나왔다. 여기에 신발은 편한 화이트 앵글 부츠. 가방은 거금 주고 산 OO을 맸다. 오늘 하루는 어떻게 보낼까? '?'를 던지니, '!'로 답이 돌아온다. 한동안 칩거했지만, 이젠 나와야 할 때가 되었다. 따뜻한 공기가 홀 안을 데워 주고 있다. '서자', 서정적 자아가 드러나기 딱 좋은 환경이 되었다. 그러나 입 안은 까끌까끌하고, 눈은 뻑뻑하고, 몸은 쑤시고, 속은 더부룩하고, 손놀림도 늘어지는 등 몸 컨디션은 엉망이다. 세상이 날 부르는데 난 왜 이리 초췌해져 가는가? 지난 일요일에 또 절을 찾아가 불전함에 지폐 한 장 넣고 절을 올렸다. 얼마 전까지 독실한 크리스천
christian 흉내를 내던 내가 부처님 앞에 절을 올리며, 나의 소원을 잊지 말아 달라고 으름장을 놓고 나왔다. 지난 시간, 감당하기 힘든 현실이 날 괴롭고 힘들게 했다. 그래도 난, 나 잘난 맛에 살아왔다. 맹세한다. 결코, 나 자신을 경멸하지 않겠다고. 오만이라면 오만이고, 욕심이라면 욕심이다. 시대의 사명을 띠고 이 땅에 태어난 나를 마음껏 이용하

라. 원하는 대로 해주겠다. 난 본래 '복팔녀'이니, 주변 사람에게 복을 나눠주고 싶을 뿐이다. 불붙은 듯, 활활 타오르던 의욕과 욕망이 어느덧 차갑게 식어버린다. 조금 전까지의 오만함은 사라지고 초라한 내 모습에 어디에라도 숨고 싶다. 그래도 처절하게 살아가야겠지. 머리를 굴려, 방법을 찾아내자. 넌 해낼 수 있어. 네가 사랑하는 사람들을 도와주고, 시간이 얼마나 걸리든 네 뜻을 제대로 펼칠 수 있어. 내가 그리 만만해 보이더냐! 내 근성을 무시하지 마라.

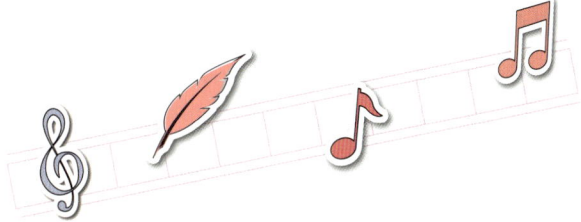

12. 14.
mon tue (wed) thu fri sat sun

44

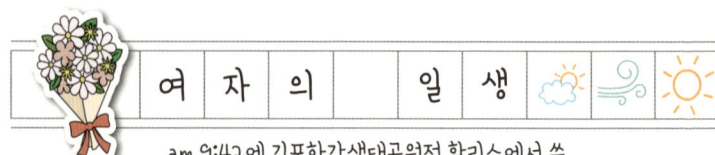

여 자 의 일 생

am 9:42에 김포한강생태공원점 할리스에서 씀

아직 초겨울이지만, 올겨울 들어 오늘이 가장 추운 날씨라고 한다. 스커트를 좋아하지만, 오늘은 바지를 골라보았다. 윗옷을 짧게 입는 게 유행이라 요즘 배가 드러나는 이십만 원 넘는 ZOOC 빈티지 스웨터를 입었다. 크리스토퍼와 청하가 콜라보레이션한 곡 'when I get old'가 흘러나오고 있다. 한국 공연 시, 관객의 떼창에 크게 감동한 크리스토퍼는 그 이후 한국을 매우 좋아하게 되었다고 한다. 월드 스타 탐 크루즈도 한국을 좋아해, 벌써 10번 넘게 방한했다고 한다. 내가 왜 지금 이 자리에서 머뭇거리고 있는지 나 자신도 이해할 수가 없다. 어쨌든 중요한 건 내 영혼을 풍성하게 해줄 무언가가 필요하다는 거다. '뭣이 중헌디?' 나도 날 모르는데 누가 나를 알겠는가?

미스 어스 Miss Earth 2022에서 미스코리아 최미나수가 우승했다. 미모도 뛰어나지만, 훌륭한 영어 실력도 돋보였다. 늘 이야기하지만, 난 인풋$_{Input}$이 딸린다. 그래서 책 한 권을 읽고 독서토론을 해보려 한다. 물론 나 혼자 하는 1인 토크쇼다. 파란만장한 삶을 산 여성들의 이야기는 찬란한 예술 작품과도 같다. '여자의 일생'이란 책도 그런 내용을 담고 있다. 천천히 가기로 한다. 뭐가 바쁘다고, 절대 서두르지 말자. Slowly, 시나브로... 내 존재도 관성의 지배를 받는 듯하다. 살아왔던 방식으로 계속 살고자 하는 내 존재의 관성. 이변을 경험하고, 위기를 만나면 멈춰 고민하고, 필요하면 방향도 바꿔야 하는데, 그냥 가던 길을 계속 가고 싶다. 그래서 나란 인간은 발전이 없는 건가? 뚝심 있게 하나의 길을 가야 할 때도 있지만, 상황에 따라 변화할 줄 아는 유연함도 필요하다.

 12. 15.

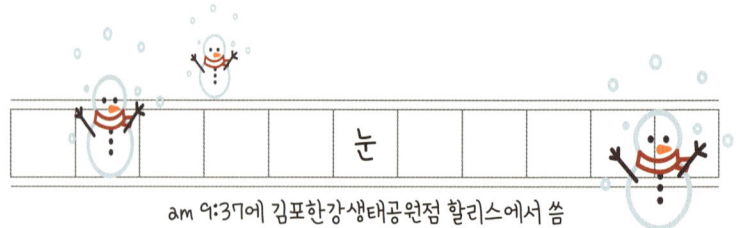

am 9:37에 김포한강생태공원점 할리스에서 씀

초록색 펜을 골라 들었다. 오늘 내 컨디션을 고려할 때, 뭔가 변화가 필요하다고 느꼈나 보다. 얼어붙은 도로 위로 눈발이 날리고, 제설 작업 중인 큰 트럭 한 대가 굉음을 내며 지나간다. 영화 '아바타 2' 관객 수가 엄청나다고 한다. 나도 내 아바타에 몸을 싣고 굉음을 내며 활동을 개시한다. 잔뜩 쌓인 눈을 바라보며 '귀찮네', '아 또 눈 치워야 하네!'라고 말하는 사람들, 그러나 철없는 나는 그저 눈이 좋아, 행복한 마음으로 형광 빛을 내는 하얀 눈길을 조용히 내려다본다. 젖은 머리가 마를 때까지, 무얼 하면 좋을까, 잠시 즐거운 고민에 잠긴다. 어떤 일에든 열정과 패기가 필요하다. 열정과 패기가 모자라면 곤란한 일이 많이 생길 수 있다. 잘 모르겠다. 지금 내 기분이 어떤지.

12. 19.
(mon) tue wed thu fri sat sun

46

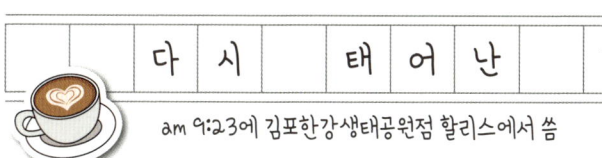

다시 태어난 나

am 9:23에 김포한강생태공원점 할리스에서 씀

곧 있으면 동지다. 동지는 해가 가장 짧고, 밤이 길어지는 절기다. 남편은 오늘도 제시간에 깨어 곧바로 회사 갈 채비를 한다. 그렇게 몇십 년을 살아온 사람이라 몸으로 익힌 습관일 것이다. 그 모습에 감탄하며 나도 질세라 서둘러 준비하고 집을 나섰다. 하늘은 맑게 개어있고, 눈 예보도 없는 날이다. 이제 더 추워질 일만 남았다. 이상하게 올겨울엔 추위가 반갑고, 좋기까지 하다. 밖에서 일하시는 분들께는 미안하지만, 추운 곳에 있다가 따뜻한 건물 안으로 들어갈 때와 잔뜩 껴입은 탓에 매서운 찬바람 앞에서도 포근함을 느낄 때 묘한 쾌감을 느낀다. 지금도 따뜻한 카페에 자리를 잡고 앉아 겨울을 즐기고 있다. 잘 깔린 레일 위를 미끄러지듯 모든 게 순조롭게 진행되고 있는 오늘 아침이다. 그 어떤 이변도 없이, 이런 좋은 흐름에 내 존재를 내어 맡긴다. 루즈 웨이트 플랜 lose weight plan 도 착착 진행되고 있다. 아직 체중계에 올라갈 때는 아니라고 생각하지만, 오늘 아침 샤워하면서 변화가 느껴졌다. 기쁘다. 이제 좀 더 멋지게 옷을 입을 수 있겠다는 생각에 웃음이 멈추질 않는다. 나를 혼란케 하던 생각이 다시 머릿속을 맴돌기 시작한다. 그래도 아직 내 '컨트롤 타워'는 튼튼하다. 내 면면을 주시하는 시선을 피하려고 애써 왔는데, 이제는 다 귀찮다. 오로지 나만 생각하자. 조롱이든 비난이든 다 떠안을 것이다. 왜냐? 내가 아직 얼라이브$_{alive}$, 살아있기 때문이다. 나는 그저 감흥과 기쁨을 주는 '기쁨조'로 다시 태어났으니, 내가 세상의 중심이 되는 그때 모두를 용서하리라. 훗, 내가 나를 욕하니 재미난다. 남들이 나를 치기 전에 내가 먼저 치니 맷집이 단단해져 간다. 이상과 현실 사이에서 고군분투하며 끊임없이 그 경중을 저울질한다. 왜냐고? 항상 모든 일에 '왜'라는 질문을 던진다. 그래야 사고력이 늘고 질문과 답을 통해 미래를 준비할 힘을 기를 수 있다. 그러나 고민의 결과물을 형상화하긴 어렵다. 꼭 액체, 리퀴드$_{liquid}$ 같다. 세숫대야에 쏟으면 세숫대야 모양이 되고, 밥그릇에 쏟으면 밥그릇 모양이 되어 버린다. 타인의 도움은 필요 없다. 나에게 훈수 두는 것도 나 자신이다. 아이를 안 낳은 죄가 얼마나 큰가? 그래도 시어머니의 눈총을 이겨내고 포기시켰듯이, 난 배짱 있게 나간다. 내가 10년만 아니 20년만 젊었어도... 아니다. 그냥 포기하고 살자. 온 세상이 하얗다. 마음이 오락가락한다. 나도 사람이다. 그러니 나도 슬프고, 괴롭고, 후회되는 일이 많다. 오늘은 더는 말을 못 잇겠다. 내 나름의 기준을 세우면 달라질까? 궁상맞다고 더 비난받으려나?

12. 21.
mon tue (wed) thu fri sat sun

47

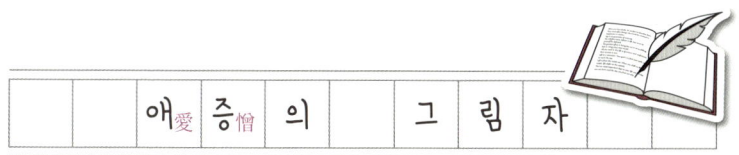

| | 애愛 | 증憎 | 의 | | 그 | 림 | 자 | |

am 9:48에 김포한강생태공원점 할리스에서 씀

밤새 눈이 많이 내렸는지 온 세상이 하얗다. 오늘따라 내 얼굴, 내 눈가의 주름이 신경 쓰인다. 펜 색을 바꿔본다. 자주색 번짐이 심하다. 잘못 놀리면 잉크가 줄줄 새 나온다.

눈길이라 조심스레 차를 몰았다. 눈과 섞인 흙덩이가 차를 더럽힌다. 눈밭을 미끄러져 도착한 이곳, 할리스. 조금 늦은 탓에 오늘은 내 지정석에 앉지 못했다. 홀 안이 훈훈해 겉옷을 벗어도 괜찮겠다. 음악도 얌전하고, 사람들의 소리도 도란도란 백색소음에 가깝다.

사랑, love, '목마와 소녀'라는 시에 "애증의 그림자"라는 표현이 나온다. 애증의 사전적 의미는, 사랑 '애愛'에 미워할 '증憎'으로 사랑과 증오가 뒤섞여 있는 감정이라고 할 수 있다. 사랑하면서도 때때로 미워하고 원망하는 부부 관계가 이와 비슷하려나? 시인은 애증의 그림자란 영감을 어디서 얻은 것일까? 나에게도 사랑하지만, 증오하는 대상이 있을까? 꼭 사람이 아니어도 괜찮다면, 영어? 난 영혼을 갈아 넣으며 영어 공부를 했는데, 그토록 영어를 사랑하면서도 영어 문장만 봐도 머리가 아플 때가 있으니, 영어야말로 내게 애증의 대상이 아닐까 싶다. 예전엔 책상에 앉아 책 한 권 독파하는 건 일도 아니었는데, 지금은 책이 눈에 들어오질 않는다. 하루에 인터넷 기사 몇 줄 읽는 게 다인 나, 이런 나 자신이 한심하게 느껴진다. 이것도 나이가 들었기 때문인가? 그저 나이 탓으로 넘기기엔 스스로 용납할 수가 없다.

책 한 권 읽기도 어려워하면서, 나는 왜 글 쓰는 것에 이처럼 집착하는 걸까? 하루라도 글을 쓰지 않으면 불안하고, 삶의 의미를 느끼지 못하는 이유가 뭘까? 막연히 남에게 뒤처지기 싫고, 뭐라도 해야 할 것 같아서? 주변을 살피다 생소한 단어를 접하게 되면 어떻게든 글 쓸 때 사용하여 내 것으로 만들어야 직성이 풀린다. 그렇게 삶의 재료들을 가지고 글을 건설해 나가는 것이 내 삶의 의미가 되어가고 있다. 이제는 내가 글을 쓰는 건지, 글이 나를 만들어 가는 건지 헷갈릴 정도가 되었다. 겁도 많고, 잘난 것도 없는 내가, 그래도 필$_{feel}$ 받으면 정신없이 써 내려가는 글은 때론 나의 감정이고, 때론 나의 묻어 두었던 상처이기도 하다. 글을 통해 나를 만나고, 숨겨져 있던 나를 발견하기도 하지만, 여전히 나도 나를 잘 모르겠다. 친구 S를 만나면, 세상은 나를 어떻게 보는지 물어봐야겠다. 현실에서 난 바보에 가깝다. 눈치도 없어 실수가 잦고, 매번 놀림당하거나, 믿었던 이들에게 이용당하고, 때론 배신도 당한다. 마음이 편치 않다. 기분도 다운되었고. 글 쓰는 게 마냥 즐겁기만 한 것은 아니다. 오히려 글을 쓰다 의기소침해질 때가 종종 있다. 하루하루 버틸 뿐이다. 삶에 열정$_{passion}$, 영감$_{insight}$이 사라진 것처럼 느껴질 때도 있다. 사랑이니, 애증이니, 다 의미 없고 쓸데없는 가비지$_{garbage}$에 불과하다. 목청껏 괴성을 지르고 싶다. 하루에 한 번씩만이라도. 어제도 그랬다. 요리하던 중에 욕설이 튀어나오고, 째진 눈을 흘기며 xx라고 소리 질렀다. 그래서 가슴이 시원해진 것도 아니다. 그래도 미련은 남지 않았다.

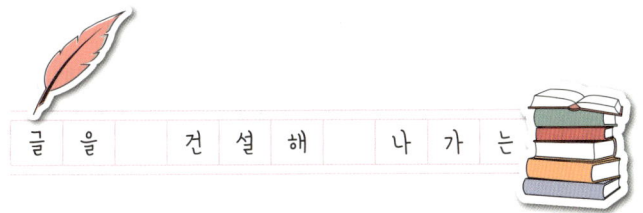

글을 건설해 나가는

12. 23.
mon tue wed thu (fri) sat sun

48

| 염 | 세 | 주 | 의 | 자 | 의 | | 반 | 란 |

am 9:33에 김포한강생태공원점 할리스에서 씀

루즈 웨이트_{lose weight} 일단 성공. 몸무게 51.8kg 기록, 정말 기쁘다. 이제 됐다. 이 상태를 유지하면서 1kg만 더 빼자. 잘했어. 고생했어. 그러고 보니 내일이 크리스마스 이브다. 특별한 감흥은 없지만, 크리스마스다 연말이다 사람들의 들뜬 분위기에 나도 편승해 본다. 몸무게 1kg 차이가 뭐라고, 우울증도 사라진 것처럼 하늘을 나는 기분을 누리고 있다. 기쁜 마음에 머리가 마르기도 전에 집을 나섰다. 여기까지 어떻게 왔는데. 그냥 술에 술 탄 듯, 물에 물 탄 듯 대충 살고 싶진 않다. 내가 더 잘하면 될 일이다. 난 이미 날개를 달았다. 신화 속 이카루스_{Icarus}처럼, 저 타오르는 태양을 목표로 날아보고 싶다. 설령 금방 추락하더라도, 높은 꿈을 품고 날아봐야 하지 않겠나.

밖엔 바람이 심하게 불고 있다. 나뭇가지들이 꺾일 듯이 휘어진다. 차디찬 풍경을 보며 아이스라테_{ice latte}를 마시고 있자니 손발이 얼어붙는 것처럼 한기를 느낀다. 그래도 차가운 이 겨울이 나는 좋다. 이처럼 내가 좋은 기분으로 평화롭게 지낼 수 있는 건 세로토닌$_{serotonin}$ 덕분이다.

나는 바보라고, 다 포기하고 싶다고 말을 하면, 그렇지 않다고, 자책하지 말라며 나를 위로하고 격려해 주시는 교수님이 참 고맙다. 그 덕분인지 올해 내가 이룬 업적들이 있다. ITQ OA master 자격증과 바리스타 2급, 컴활 2급도 따냈다. 컴활 1급도 꼭 따내고 말 것이다. 특히 함수 부분 계산 작업이 재미있다. 육아 걱정 없고, 돈 걱정 없는 나는 이렇게 자격증을 따며 남모를 보람을 느낀다. 내가 비록 비관론자에 무신론자이며, 매사에 부정적인 염세주의자이지만, 이 사회가 나를 퇴출하지는 못할 것이다. 어떤 상황에서도 비집고 들어가 주변을 맴돌 것이다.

8월부터 글에 무게감이 실리기 시작했고 이후 5개월 동안 꾸준히 써 왔다. 닭이 알을 낳는 것처럼, 창작엔 늘 고뇌와 고통이 뒤따른다. 지금의 시간과 공간이 마음에 들어, 심상의 카메라로 현재를 담아내고 있다. 무엇이 아쉽고, 뭐가 부족해서 시간을 쪼개가며 글을 쓰고 있는 걸까? 일단은 자아 성찰과 자아실현을 위해서라고 믿고 있다. 나의 존재를 확인하는 것은 본능의 명령과도 같다. 이게 아니면 살아갈 낙이 없다. 하루라도 그냥 넘어가면 내 존재가 가라앉는 느낌에 이 자리로 강제 소환당하곤 한다. 내가 집중력을 유지할 수 있는 시간은 기껏

해야 두어 시간이다. 그 이상은 아무래도 무리다. 한계에 이르면, 은단 몇 알을 의지해 좀 더 나아간다. 그래도 힘들면 그냥 멍하게 앉아 있기도 한다. 그럴 때마다 부친은 내게 묻는다. "또 무슨 생각 하고 있냐?" "고향 생각하냐?" "아니에요. 어제 삶아 놓은 옥수수 남은 것, 버려야 하나 생각하고 있어요." 그러면 부친은 "으이그 저 별난 것, 또 별난 짓한다." 하신다.

12. 27.
mon (tue) wed thu fri sat sun

| 다 | 른 | | 것 | 이 | 지 | | |
| 틀 | 린 | | 건 | | 아 | 니 | 다. |

am 10:11에 김포한강생태공원점 할리스에서 씀

오늘 패션은 검은색 털옷에 회색 정장 바지, 신발은 하얀 부츠, 머리는 쪽을 틀어 묶었고, 가방은 루이비통, 이 가방을 사고 한동안 고민했었다. 환불할까? 말까? 거금을 주고 살만한 가치가 있는 가방인가? 결론은, 이왕 샀으니 편안하게 잘 메고 다니기로 했다. 그리고 오렌지색 패딩 점퍼를 입었다. 만일 누가 카드 주면서 사고 싶은 거 다 사라고 한다면, 샤넬 백은 그만두고, 찜해놓았던 베이지색 롱코트, 목걸이, 팔찌, 귀걸이... 백만 원은 훌쩍 넘어가겠다. 좀 예쁘다 싶은 건 대부분 지나치게 비싸다. 백화점 명품관에 가보면 긴 대기 줄을 볼 수 있다. 그런데 줄도 서지 않고, 직원들에게 90도로 인사받으며 입장하는 사람들, 아마도 단골 고객, VIP, 큰 손일 거다. 나완 다른 세계에서 살아가는 사람들이려니... 후, 또 입 안이 느글느글, 정신이 혼미하다.

책상 위 물건들을 데생해 본다. 붓으로 그리는 대신, 난 글로 데생한다. 빨간색으로 할리스라고 새겨진 머그컵에는, 작은 글씨로 '매장운영용'이라 적혀있다. 체크무늬의 천으로 만든 필통, 체크무늬가 아코디언 연주하는 스코틀랜드인 치마 옷과 비슷하다. 그리고 장갑 두 켤레, 하나는 내 것, 다른 하나는 친한 친구 선물용이다. 컨디션이 좀 좋아졌다. 어젠 남편과 살벌하게 다투고, 건넛방에서 혼자 잤다. 깊은 속에서부터 화가 치고 올라온다. 미친 것들 다 죽어버려. 욕을 해봐도 답답한 가슴은 그대로다. 익숙한 옛 노래들이 흘러나온다. 90년대로 타임 워프한 느낌이다. 서태지도 나오고, '티얼스 인 해븐Tears in heaven'도 참 오랜만이다.

12. 28.
mon tue (wed) thu fri sat sun

50

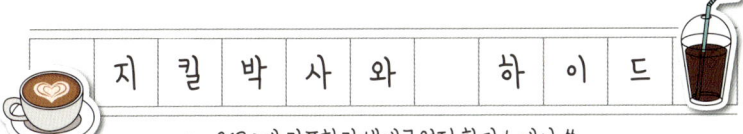

지킬박사와 하이드

am 9:30에 김포한강생태공원점 할리스에서 씀

마음을 진정시키자. 마치 '단학선원'에 온 것처럼, 복식호흡을 하며 우주의 기운을 내 안으로 초대한다. 잡념은 없애고, 눈을 감고 아타락시아[1]를 지향하며 몸의 힘을 빼본다.

오늘따라 음악 소리가 시끄럽다. 음소거 상태보다는 백색소음을 선호하는 나지만, 오늘은 좀 심하다. 내가 너무 긴장하고 있어서일까? 아니 긴장했다기보다는 경직되었다는 표현이 더 정확하겠다. 나 자신과 대치하고 있다. '지킬 박사와 하이드'의 주인공처럼, 나도 두 개의 얼굴, 두 개의 서로 다른 자아를 가지고 있다. 낮에는 밝고 유쾌하게 지내다가도 밤이 되면 분노의 얼굴, 절망의 얼굴이 고개를 든다. 자신을 잘 다독거려야 한다. 마음을 잘 다스릴 줄 알아야 뭐든 높은 고지에 이를 수 있다. 날 위로하자, 나에게도 베풀자 따스한 마음으로.

1. 고대 그리스 철학자들이 추구한 정신적인 평정 상태로 지혜로운 현자만이 도달할 수 있는 경지

염화칼슘 덕분인지 도로 위의 눈은

다 녹았지만, 길가의 눈은 아직 남아있다. 전진하자. 이 작업을 멈출 순 없다. 몇 달이든, 몇 년이든, 꾸준히 나아가자. 씨~ 짜증난다는 말 쓰고 싶지 않은데, 다른 말로 표현할 수가 없네. 짜증, 짜증, 짜짜증, 짜짜로니, 너구리 한 마리 몰고 가세요. 의자를 바짝 끌어당겨 내 몸을 구속한다. 똥만 찬 내 머리, 내 신체 중 제일 마음에 안 드는 게 바로 머리다. 무주에게도 말한 적이 있다. 머리 바꿔서 살아보자고. 그럴 수 있다면 무주처럼 하루 종일 개껌만 뜯어 먹고 지낼 텐데.

펜을 바꾼다. 책을 좀 읽어야 한다고 늘 생각은 하고 있는데, 마음처럼 되질 않는다. 이렇게 2시간 글을 쓰는 정도가 내가 할 수 있는 최대치다. 그나마 이 2시간도 집중이 어려워 나 자신과 주변 환경과 계속 싸워야 하는 내 상황을 비겁한 변명거리로 삼는다. 지금 내 체중은 얼마일까? 마지막으로 측정했을 때 51.8kg이었는데, 그때보다는 좀 살이 붙은 것 같다. 지금 난 제정신 아니다. 몸도 마음도 뜻대로 움직여지지 않는다. 뭔가 자꾸 부딪치고 걸린다. 글이라도 시원하게 쓸 수 있게 소재거리, 소스가 있으면 좋을 텐데. 괴롭다. 죽고 싶을 만큼. 단순한 컨디션 난조이길 바란다.

12. 29.
mon tue wed (thu) fri sat sun

51

	예	민	이	라	는		
	전	장	에		서	서	

am 9:20에 김포한강생태공원점 할리스에서 씀

아침에 남편 출근시키고, 이 자리에 나오기까지 오늘의 일상 하나하나가 재미있게 느껴졌다. 그냥 이런 날이 있다. 머그잔에 담긴 커피에선 뜨거운 연기가 피어오른다. 꼭 내 가슴 속 응어리에서 피어오르는 연기처럼 느껴진다. 입 안이 난리다. 침도 마르고, 아기들이 무는 공갈 젖꼭지라도 입에 물고 싶다. 확실히 뭔가를 빨고 싶은 욕구도 있다. 신경이 곤두서 예민한 상태, 이럴 때는 날 건들면 안 된다. 극도의 긴장 상태라 자극받으면 뭘 집어 던질지 나도 모른다. 은단이라도 입에 넣어 준다. 무주가 보고 싶다. 주무르고, 쓰다듬어도 가만히 있고, 내게 어떤 말도 하지 않는 우리 무주, 전생에 무슨 짓을 했기에 강아지로 태어났을까? 다음 생엔 우리가 서로 바꿔서 태어나면 어떨까? 무주 다음으로 내가 사랑하는 건, 이 일기장이다. 나의 모든 것이 담겨있기에 그렇다. 오늘은 기분이 참 이상하다. 하루의 시작도 괜찮았고, 계속 업$_{up}$ 상태를 유지하려고 하는데, 아래에서 누군가 강하게 끌어당기는 느낌이랄까? 은단 덕분에 입 안이 좀 진정되었다. 오늘도 유행에 뒤처지지 않게 신경 써서 입고 나왔다. 그래도 중요한 건 결국 살이다. 살부터 빼야 한다. 분명 50.8kg이었는데 배가 여전히 '빵빵'하다. 50kg만 되어도 원이 없겠다.

12. 30.
mon tue wed thu (fri) sat sun

52

| | | 아 | 바 | 타 | | | |

am 9:37에 김포한강샘태공원점 할리스에서 씀

아침부터 짜증이 났었는데, 여기에 도착하니 신기하게도 두통도 사라지고 마음도 차분해진다. 긴장이 풀어진 듯 이곳 분위기에 서서히 녹아들고 있다. 음악도 고져스 gorgeous 하고 홀 안도 알맞게 따뜻해서 편안히 안겨있는 기분이다. 사람에겐 약간의 긴장, 스트레스는 오히려 도움이 된다고 한다. 다만 적당한 긴장이어야지 한도를 넘어서면 당연히 좋지 않다. 요즘 컴활 프로시저를 배우는데, 도무지 이해가 안돼서 그냥 외우기로 했다. 계속 외우다 보면 나중에 이해가 되는 경우가 많다.

하고 싶은 말은 많은데, 무슨 이야기부터 시작해야 할지 모르겠다. 유토피아까지는 아니지만, 이 일기 안에서 나는 내 멋대로 꿈을 꾼다. 일기장을 여는 순간 난 아바타가 된다. 우울감이 솟구치기도 하고, 내 교만함에 잡아먹히기도 하며, 미래에 대한 희망과 기대가 근거 없이 뻗어 나가기도 한다. 주먹을 불끈 쥐고, 이를 꽉 물어본다. 열정적으로 뭔가에 몰입하고 싶다. 그런데 나를 짓누르는 이 기운은 뭔가? 입안이 마르고, 몸은 으스스, 안면근육이 씰룩거린다. 빨리 벗어나야 할 것 같다. 어서 펜대를 놓아 버리자.

서정적 자아와의

만
담

mon (tue) wed thu fri sat sun 1. 3. **53**

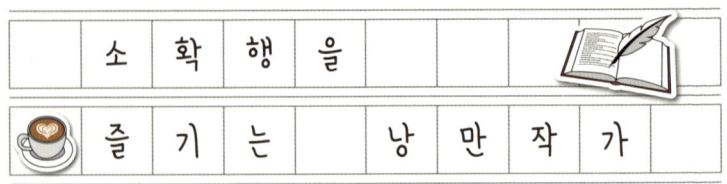

	소	확	행	을		
	즐	기	는		낭	만	작	가

am 9:22에 김포한강생태공원점 할리스에서 씀

지난주에는 책을 3권 구입했다. '정의란 무엇인가?', '이어령의 마지막 수업', '이상 문학집', 이렇게 3권. 책을 살 때는 금방 다 읽을 수 있을 것처럼 들떴었는데, 막상 들고 읽으려니 글이 눈에 들어오지 않아 애를 먹고 있다. 겉모습만 지적이고 고고하지 속은 빈 깡통 같다. 오늘은 타이트한 검은색 원피스에, 얼마 전 백화점에서 고른 흰 부츠를 신고 나왔다. 누가 나보고 방부제 먹냐는 농담을 건넨 적이 있다. 홋, 하긴 10살, 아니 20살 정도는 커버할 자신이 있다. 외모가 능력인 삶을 살고 있진 않지만, 그래도 기분은 좋았다. 하지만 체중계에 올라가는 건 금요일까지 루즈 웨이트 lose weight 를 진행한 후로 미루자. 연예인 이시영은 20kg 되는 아이를 등에 업고 산 정상까지 올랐다고 한다. 난 당분간 운동은 자제해야 한다. 몸 구석구석 안 아픈 곳이 없다.

주변을 살핀다. 친구, 내 주변엔 소중한 친구가 딱 한 명 있다. 친구란 어떤 의미일까를 생각하면, 초등학교 6학년 때 알게 되어 지금까지 절친으로 지내고 있는 S를 떠올리게 된다. 알게 된 지 긴 시간이 흘렀는데, 여전히 한결같은 친구. S에게도 묻고 싶다. 너에게 친구란 무슨 의미가 있냐고. 너에겐 친구가 많지만 그래도 내가 더 특별하냐고 묻고 싶다. 넌 나에게 아주 특별해. 그것만 알아줬으면 해.

흐르는 음악에 가만히 몰입하고 있자니, 내 서자, 서정적 자아가 고개를 든다. 머리는 맑고, 가슴은 가볍다. 태풍의 눈일지 모르지만, 어쨌든 지금은 참 평온하다. 어쩌겠나. 내가 나이고, 네가 너일 뿐이다. 영화 '사랑과 영혼', 망자는 그들이 있어야 할 곳으로 보내진다. 실종 신고 된 사람들, 사실은 이미 죽었으나 시체를 찾지 못한 이들의 이야기, '미씽 2'. 뜬금없지만 배우 '고수'가 좋아졌다.

컴활 1급을 따고 나면 다른 자격증에도 도전해 보겠다. 항상 다음 목표를 세우고 투쟁하듯 살아야 한다. 글 쓰는 것과 컴퓨터 공부, 나중에 어떻게 써먹게 될지 알 수 없지만, 여하간 지금 재미있다는 게 중요하다. 특히 엔터를 치면 '탁'하고 결괏값이 나오는 함수가 무척 재미있다. 그 순간의 희열은 경험해본 사람만 알 수 있다.

이런 생각들을 차치하더라도 내게 중요한 것은 이 시간대의 햇살, 이 공간의 풍경은 매일 봐도 지루하지가 않다는 것이다. 왠지 나도 이 공간의 일부가 된 듯 따뜻한 행복을 느낀다. 선언하자면 난 소확행을 즐기는 낭만 작가이다. 그러나 또한 알고 있다. 죽을 때까지 약을 먹어야 한다는 것을. 그 사실이 날 슬프게 하는 것도 사실이다. 여러 말 필요 없이, 그저 살아 있는 동안 충실해지자고 스스로 다짐해 본다. "죽도록 사랑하고도 두 번 다시 만나지 못해..." 심수봉의 노래 가사다. 난 가수 이승환을 좋아했는데, Y가 진짜 팬이더라. 젠장, 팬이라면서 콘서트장에 한 번도 안 가본 게 아쉽고 미안하다. 글을 쓸 때는 너무 편안한 상태보다는 약간 긴장된 상태가 좋은 것 같다. 적어도 내 경우엔 그렇다는 말이다.

체중 감량 목표를 48kg으로 잡았다. 현재는 51kg. 목표까지 3kg 남았다. 아침은 가볍게 먹었고, 커피 한잔 마시고, 식사 대용 단백질 쉐이크 300ml, 이게 오늘 나를 위한 '차례상'이다. 정신 차렷! 밥상 차렷! 전체 차렷! 배고프다. 알코올도 고프다.

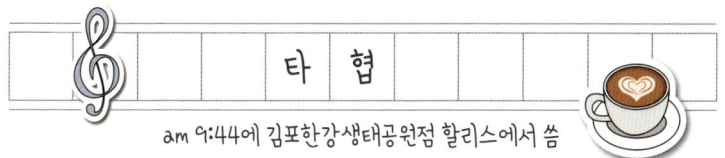

am 9:44에 김포한강생태공원점 할리스에서 씀

아침 먹고, 커피 한 사발, 단백질 쉐이크 300ml, 맥주 1캔. 오늘 내게 허락된 식량이다. 오늘은 치팅 데이도 아니니, 이것들 외에 다른 걸 먹어서는 안 된다. 남편도 늦는 날이다. 추운 겨울, 철새들은 V자로 무리를 지어 이동한다. 철새들의 안식처는 어디 길래, 길고 긴 여정에 몸을 싣고 날아가는 걸까? 갈라파고스? 기회가 있으면 꼭 여행하고픈 장소가 있다. 부에노스아이레스, 상파울루 등등. 바다를 보기 위해 지구 반 바퀴를 돌아가는 게 합리적인 선택일까? 월미도가 있는 인천 서해 바다, 정동진 일출을 보는 것으로도 충분하지 않을까? 너무 단 커피를 마신 걸까? 입 안에 단맛이 남아 그런지, 속도 편치가 않다. 이럴 땐 또 은단이지. 음악이 공간을 꽉 채우고 있다. 지금 내 심경에 대해 말하자면, 이 순간만큼은 누구라도 환영하며 맞아줄 수 있을 것 같다. 언제부터인지 모르겠지만 요즘 난, 나 자신과 쉽게 타협할 줄 알게 되었다.

1. 5. **55**

mon tue wed (thu) fri sat sun

| 바 | 보 | 가 | | 됐 | 나 | | 보 | 다. |

am 9:49에 김포한강생태공원점 할리스에서 씀

입안이 텁텁하여 시원한 아이스라테 *ice latte* 를 주문했다. 이대로 나를 혹사하는 건 죄라고 생각한다. 나에게뿐 아니라 부모님에게도, 남편에게도 미안하다. 그래서 결심했다. 약을 끊어 보겠다. 될 대로 되라지. 죽기밖에 더 하겠나. 증상이 나타나면 온몸을 진정시키느라 죽을 지경이지만, 하나씩 풀어나가면 어떻게든 될 거다. 한숨이 나올 것 같아, 대신 심호흡을 깊게 해본다. 줄곧 다람쥐 쳇바퀴 돌 듯 살았다. 뭐가 문제인지 알면서도 그저 회피하고, 억울하고 서러워도 그냥 눈감아 버리며 약에 취해 살아왔다. 긴 세월이 그렇게 지나갔다. 어쩌겠나. 내가 나에게 소홀했던 것을. 몇 번째 인지도 기억나지 않지만, 또다시 한번 마음을 다잡는다. 좀 더 나를 다그쳐야 한다. 나사못을 너무 오래 풀어 놓았다. 펜치로 강하게 조여야 한다. 머릿속 뇌혈관을 팽팽하게 잡아당겨야 한다. 인간은 평생 자기 뇌 기능의 3분의 1도 다 쓰지 못하고 죽는다지? 나는 보통 사람들과 다른 거지 결코 틀린 존재, 잘못된 존재가 아니다. 이 시대 사람들에게 여전히 스트레인저

stranger고 아웃사이더outsider인지 몰라도 나도 존중받을 자격이 있는 하나의 인격체임은 확실하다. 이렇게 글을 쓰는 것도 사실 쉬운 일이 아니다. 사람에 따라 일기를 쓰는 게 정신 건강에 해롭다는 이야기도 있다. 잊고 지워야 할 과거의 아픔이나 상처를 자꾸 돌아보며 곱씹게 될 수 있으므로 그럴 거다. 그래도 난 남기고 기록하고 싶다. 핑크빛 추억은 아닐지라도 내가 살아온 흔적과 지금까지 걸어온 발자취, 그리고 오늘 여기 살아있는 나의 감정과 상념들을 있는 그대로 날 것으로 그렇게 보관하고 싶은 거다. 누가 내 아픔을 보상해 줄 수 있을까? 누구에게 이 억울함과 원통함을 호소할 수 있느냐 말이다. 이대로는 억울해서 못 살겠다. 반드시 내 힘으로 일어서겠다.

갑자기 숨이 차고, 생체 리듬이 고장 난 듯 온몸이 삐걱거린다. 무슨 시그널signal이지? 약을 너무 오래 먹어서 정말 바보가 되어가는 건지, 의사에게 물었었다. 의사 말로는 그럴 수는 없다고 한다. 그런데 나는 피부로 느끼고 있다. 아니 단순히 바보가 된 것이 아니라, 찌질이, 눈치 없는 부적응자가 되어버렸다는 걸 거의 확신하고 있다. 의사 말이라고 다 믿으면 안 된다. 난 그저 방대한 우주 안의 먼지만 한 태양을 맴도는 작은 지구라는 별에 살고 있는 미물에 불과하다. 애써 힘주고 있던 바디body가 확 풀어지는 느낌이다. 눈을 감고 와인을 음미하듯 음악에 귀를 기울인다. 그래 바로 지금이야. 약을 끊을 수 있는 그 타이밍. 한 번 시도해보는 거야. 도저히 안 되겠어, 놓아버리는 거야. 죽지 않아, 살 수 있어. 고단하고 지친 나에게 주는 금일봉처럼 그렇게 선물을 주는 거야. 불안해하지 말자. 끊었다가 안 좋으면 다시 먹으면 그뿐이야. 습관_habit_이 되어버려 끊는 것이 두려운 것뿐이야. 다시 신경이 경직된다. 미칠 것 같다. 필요 이상으로 너무 신경을 쏟았나 보다. 오늘은 목요일, 남편은 일찍 퇴근한다. 국을 끓이고 시래기 볶음을 만들어야지. 답답하다. 답이 없다. 난 어떻게 해야 하나.

1. 6.
mon tue wed thu (fri) sat sun

| | | 먹 | 색 | 의 | | 매 | 력 | |

am 9:47에 김포한강생태공원점 할리스에서 씀

가슴도 머리도 레디ready!, 손도 준비 완료, 발은 까딱까딱, 귀도 예민하게 열려있다. 다만 노안이 와서 그런지 눈은 흐릿하다. 머리숱이 적어져서 흑채를 뿌려야 하나 싶고, 눈 밑 살도 처져서 리프팅 시술이 필요하다. 여하간 준비는 완료. 3, 2, 1, Fire! 엔터프라이즈호 출발~! 오늘도 글을 통해 멋진 수묵담채화 한 편을 완성해 보리라. 먹색이 이토록 아름다운 색이라는 걸 잘 몰랐다. 옷 사러 나가서 우연히 마주친 패딩, 감색도 아니고 검은색도 아닌데 오묘하고 깊은 색이 내 시선을 단번에 사로잡았다. 그래서 가격도 상관 안 하고 무조건 구매했다. 디자인도 독특해서, 허리 부분 벨트로 라인을 살릴 수 있는 패딩이다. 옷장 안에 고이 넣어두고, 날이 더 추워지기만 기다리고 있다. 나의 최애 소유물 1호로 지정해야겠다. 그래도 옷 욕심이 너무 과하다 싶어 이제 당분간 쇼핑은 그만.

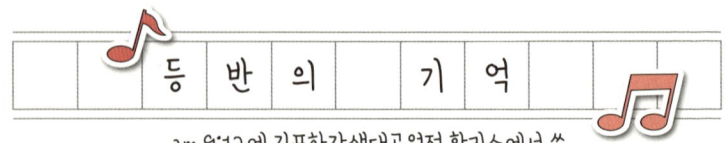

등반의 기억

am 9:12에 김포한강생태공원점 할리스에서 씀

내 마음 깊숙한 곳에 들어와 있다. 여기는 태풍의 눈. 위태로운 고요함이 가득하다. 이 고요함 너머에 무엇이 똬리를 틀고 있을지 뻔하다. 오늘도 휘몰아치기 일보 직전, 일명 겉바속촉인가? 태풍의 눈에 갇혀 오도 가도 못하듯이 나도 내가 쳐놓은 바리케이드barricade 안에 갇혀 버둥거리고 있다. 일주일을 시작하는 중요한 첫날인데 의욕도 나지 않고, 나아갈 방향도 잡지 못해 동력을 잃은 작은 배처럼 이 시공간 위를 부유하고 있다. 근성이 부족한 건 아닌데, 왜 매번 엇나가는 걸까? 좀 더 달래고, 토닥여줘야 하는 걸까? 괜찮아, 괜찮아, 그럴 수도 있지. 내가 동의한 적 없는, 외부의 기준에 나를 너무 가두어 둔 것은 아닌지, 의심해 봐야 한다.

마니산으로 등산을 갔다. 초반엔 담소를 나누며 여유 있게 걸었는데, 점점 숨이 차고 다리도 아파져 왔다. 하산하는 사람에게 정상이 얼마나 남았는지 물어보니, '다 왔어요, 바로 코앞입니다' 한다. 그 말을 믿진 않았지만, 그래도 힘내라는 배려로 알고 발걸음을 옮겼다. 그런데 정상을 얼마 안 남기고 급경사 계단을 만났다. 포기할까? 그래도 여기까지 왔는데. 요구르트 하나씩 마시고, 악으로 깡으로 전진했다. 마지막 쉼터를 지나 마침내 정상에 도달했다. 가쁜 숨을 몰아쉬면서도 정상에서 맛본 희열이 참 좋았다. 맛있는 걸 먹거나, 예쁜 옷을 샀을 때의 성취감이나 충만함과는 다른 종류의 희열, 고독하고 허탈한 희열이라고 하면 말이 좀 이상한가? 사진도 찍고, 싸 온 음식도 꺼내 먹고 나름 즐거운 시간을 지냈지만, 가장 좋았던 건 정상에서 맛본 고독이었다. 시야에 펼쳐진 풍경들을 위에서 내려다보고 있자니 뭐라도 된 거처럼 으쓱해지더니만 엄습해 오는 알 수 없는 감정을 주체할 수 없었다. 허무? 허탈? 같기도 하고. 여럿이서 함께 올라왔는데, 분명 혼자가 아닌데, 왜 고독이란 단어가 떠올랐을까? 정상에 같이 있는 사람들과의 교감을 무시해서인가? 속이 울렁거린다. 내면에 파리 떼가 윙윙대는 것만 같다. 이 파리 떼를 어떻게 처리해야 하나? 파리채? 에프킬라? 모기장이라도 쳐야 할까? 울 남편은 날아다니는 파리도 파리채를 휘둘러 잡는 사람이다. 대단한 일은 아니지만, 보고 있으면 감탄하게 된다. 나는 천장이나 식탁에 앉아있는 파리도 잡기가 어려운 데 날아다니는 놈들을 공중에서 때려잡는다. 잔해까지 휴지로 깔끔하게 처리하는 남편을 보고 있으면 살짝 무섭기도 하다. 비법이 뭐냐 물으니, 컨센트레이트concentrate, 포커스focus, 집중력을 높이라고 한다. 해답은 집중력이었네. 잔재주도 많고 성실 그 자체인 우리 남편은 참 깔끔하기까지 하다. 소파나 침대 소독한다고, 분무기에 계피 끓인 물과 에탄올을 5:5 비율로 넣어서 뿌리고 다니는 사람이다. 밥 먹고 바로 누우면 소화 안 된다고, 아무리 피곤해도 식사 후 최소 2시간 동안은 눕는 법이 없다. 물론 못 하는 것도 많다. 2023년 1월 1일부터 금연한다고 하더니, 음력 1월 1일로 미루겠단다. 또 실패하면 정월 대보름으로, 또 안 되면 추석까지 가려나? 키 180cm에 몸무게 80kg의 건장한 어른인데 내 눈에는 철없는 아이처럼 보인다. 나도 돌아이 소리 적잖게 듣고 다니지만, 우리 남편도 만만치 않은 '돌아이'다.

1. 10.
mon (tue) wed thu fri sat sun **58**

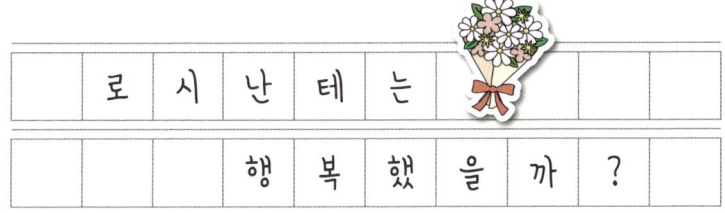

로	시	난	테	는		
		행	복	했	을	까 ?

am 9:54에 김포한강생태공원점 할리스에서 씀

마감일(Due Date)이 있는 것도 아닌데, 바쁘게 차를 몰고 글 쓰러 나온다. 일단 흥분을 좀 가라앉히기 위해 차 안에서 5분 앉아있다 나왔다. 오늘은 1월 10일 화요일, 우당탕탕 세기의 종말. 내 닉네임은 OO아내, 내 아이디는 dfm2660. Don't forget me를 줄여서 만든 거다. '나를 잊지 말아요'라는 물망초의 꽃말처럼. 내가 집중할 수 있는 골든 타임은 딱 2시간, 9시~11시. 이 종이 위에라도 내 이야기를 쏟아 놓아야 한다. 가슴에 한(恨)이 맺힌들 누가 알아주리오.

로시난테, 돈키호테가 타는 말인지 당나귀의 이름이다. 로시난테는 주인의 과대망상을 알고 있었을까? 그냥 아무 생각 없이 주인이 가자는 대로 겁 없이 달려 나갔을까? 로시난테처럼 맹목적으로 열심히 살아가는 삶이 오히려 행복한 삶일까?

펜을 자주색으로 바꾼다. 요즘 난 하루에 한 번, 폭발할 때가 있다. 혼자 있는 시간, 아파트가 떠나가라 큰소리로 욕을 해댄다. 이유도 없이, 대상도 없는데 목이 쉴 만큼 소리 질러 욕을 해대는 거다.

1. 11. **59**

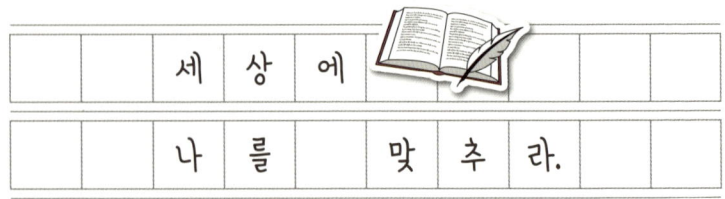

세상에 나를 맞추라.

am 11:22에 김포한강생태공원점 할리스에서 씀

어제야말로 치팅 데이었다. 냉장고를 불이 나게 열었다 닫았다 하며 먹고 또 먹었다. 포만감 때문인지 마음도 여유롭고 편안한 느낌이 좋았다. 굶주린 뇌세포까지 꽉 채워지는 느낌! 그래서인지 괜찮은 기분으로 할리스에 나와 있다. 글 쓰는 것은 해방인 동시에 구속이기도 하다. 구속이긴 한데 '아름다운 구속'이랄까? 오늘은 음악이 좀 정신없다. 잔잔한 멜로디, 쿨의 '아로하' 같은 노래가 좋은데 말이다. 우리 집엔 돌아이가 셋 있다. 나, 울 남편 그리고 무주. 무주도 진짜 돌아이다. 자기보다 몸집이 배는 큰 개에게 막 달려든다. 정말 그럴 때 보면 미친개가 아닌가 싶다.

어제는 나의 비관적인 자아가 깨어나 날 괴롭혔다. 근거 없는 불안과 지독한 자책이 끝없이 이어져 잠들 때까지 지옥을 경험했다. 그에 비하면 지금은 구름 위에 앉아 있는 것 같다. 알라딘의 마법 양탄자나 마녀의 마법 빗자루를 타고 하늘을 날면 이런 기분일까? 계속 날아 올라가면 저 너머엔 무엇이 있을까? 반드시 성공해서 내 주변 사람들을 행복하게 해주고 싶다는 막연한 희망이 피어오르다 이내 사라진다. 입 안이 느글거리는 것을 시작으로 또다시 불안과 초조함이 엄습해 온다. 편안하게 먹으면 몸무게 때문에 우울해지고, 루즈 웨이트lose weight에 성공하면 배고픔 때문인지 긴장감에 신경이 곤두서고, 딜레마가 아닐 수 없다. 일단은 릴렉스relax 하자. 그냥 한 3일 만이라도 편히 먹고 좀 쉬자. 나를 너무 몰아가면 더 큰 탈이 난다. 그래도 살은 빼고 싶다. 진퇴양난進退兩難이다.

마음을 편히 먹으니 유쾌한 기분이 되었다. 세상을 바꾸는 건 불가능하니 내가 변하는 게 맞는 것 같다. 그래 내가 맞추자. 그 수밖에 없다. 세상을 바꾸고자 오지랖 떠는 일은 정치인에게 맡기고 난 이 사회의 구성원으로 해야 할 일을 하자. 예를 들면, 쓰레기 분리수거 잘 하고, 교통질서 잘 따르고... 우리나라 출산율이 저조하여 고령화 사회가 되어간다는데... 흑흑 이건 나도 어쩔 수 없이 개인적인 이유로 참여할 수 없네...

1. 16. **60**

| 고 | 프 | 다 | | | |

am 9:27에 김포한강생태공원점 할리스에서 씀

2023년이 된 지도 어느덧 보름이 지나갔다. 오늘 사건이 하나 있었다. 너무 화가 나서 달려들어 욕이라도 실컷 해줬어야 했는데... 열을 받아서 그런지 속이 텅 비어버린 느낌. 알코올이 고프고, 욕망이 고프고, 사랑도 고프고, 지식도 고프고, 사람의 따뜻함도 고프고, 무엇보다 나의 정체성이 고프다. 정체성이 고프다는 말은 결국 타인이 나를 알아봐 줬으면 좋겠다는 의미이기도 하다. 개처럼 벌어서 정승같이 쓰라는 말이 있다. 인생 교훈이 담긴 말이다.

인생 교훈이 담긴 격언 중 지금 내 처지를 반영해 주는 말은 "닭 쫓던 개, 지붕 쳐다보기", 아니 "까마귀 날자, 배 떨어진다"가 더 가깝겠다. 노력하고 애썼던 일들은 잘되는 법이 없고, 우연히, 의도치 않게 잘되었던 일들은 또 종종 있었다. 본의 아니게 오해를 받아 억울한 미움을 받았던 적도 많으니 말이다. 이렇게 생각하니 내 인생을 잘 표현해 주는 말이네, 오비이락烏飛梨落, 그리고 보니 '오비이락'이란 제목의 이승환 노래도 있었지.

1. 17.

mon (tue) wed thu fri sat sun

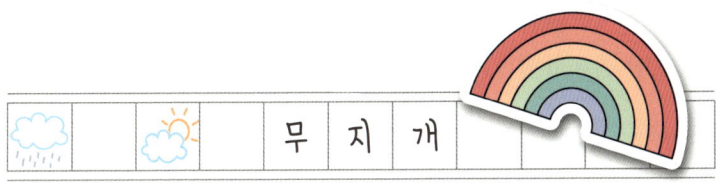

am 9:44에 김포한강생태공원점 할리스에서 씀

고데기 전원 껐는지 확인, 전기장판 전원차단 확인, 안방 문 닫았는지 확인 ~~무주가 자꾸 침대에 소변을 눈다~~. 집을 나오기 전 집안을 누비며 이것저것 확인하느라 바빴다. 간절히 원했지만 2022년에는 무지개를 볼 수 없었다. 2023년에는 꼭 무지개를 볼 수 있으면 좋겠다. 이왕이면 쌍무지개를. 무지개는 하늘이 내려 준 쉼표 같다. 성경에 보면 노아의 홍수 이후 다시는 물로 세계를 심판하지 않겠다는 약속의 표식으로 무지개를 주었다는 이야기가 나온다. 고대인에게도 무지개는 신비하고 아름다운 선물이었을 것이다. 정말 화려하고 선명한 이미지들이 범람하는 시대를 살고 있지만, 자연의 빛깔, 무지개에 비견할 만한 것은 없다고 장담한다. 무지개를 보는 것도 소확행이라 할 수 있겠지. 지금, 이 겨울도 시간이 흐르면 지나가고 만다. 아무리 겨울이 좋고, 봄이 좋다고 해도 원하는 계절을 골라서 누릴 수는 없다. 자연의 섭리를 따라 한 계절이 가고 다른 계절이 올 뿐이다. 인류의 조상들은 자연의 흐름을 존중하고, 그 흐름을 따라 순응하며 살았다. 그러나 산

업혁명과 기술의 발전을 등에 업고 인간은 자연을 개발한다는 핑계로 자연을 파괴해 온 것은 아닐까? 계절의 전령처럼 여겨졌던 코스모스나 목련이 시기를 앞당겨 피고 지는 경우를 보게 된다. 순리를 거스른 인간에게 자연이 보내는 경고이리라.

몸이 노곤하고 졸음이 쏟아지기 시작한다. 난 무척 이기적인 사람이다. 동시에 이타적인 사람이기도 하다. 결국, 이율배반적인 사람이라고 해야겠군. 서로 모순되어 양립할 수 없는 것이 이율배반이니, 이기적이며 이타적인 나는 이율배반적인 사람이 되는 거다. 그런데 생각해 보면, 항상 이기적이거나 항상 이타적인 사람이 오히려 흔치 않을 것도 같다.

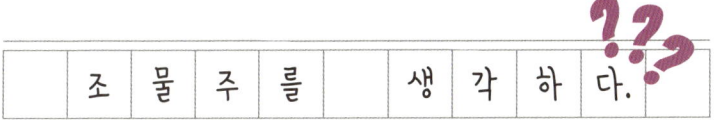

조물주를 생각하다.

am 10:37에 김포한강생태공원점 할리스에서 씀

늦잠을 잤더니 하루가 빠르게 지나는 느낌이다. 가끔 내가 올바르고 현명하게 살고 있는지 궁금할 때가 있다. 현실과 타협하여 때로는 게으르게 살기도 하고, 변명을 일삼으며 편법을 찾아다니고 있지는 않은지 반성하게 된다. 온 우주를, 우리가 살고 있는 이 세계를 창조한 조물주에 대해 생각해 본다. 종교마다 창조 신화와 신학을 통해 세계 창조에 대해 다양하게 설명하고 있다. 제우스신이나 하나님, 혹은 도교의 도道, 진짜 창조주가 누군지는 모르겠지만 그저 이름 모를 조물주에게 이 세계를, 그리고 나를 포함한 모든 생명체를 창조해 주어서 고맙다는 인사를 전하고 싶다. 과학자이면서 신앙인일 수도 있는가? 지구는 오래전 우주에서 빅뱅big bang이 일어나 흩어져있던 운석들이 뭉쳐져 우주가 만들어졌는데, 신앙인들은 하나님이 세상을 창조하셨다고 믿는다. 어불성설語不成說이 되게도 나는 두 가지 모두를 수용하나 보다. 미지수야 미지수... 알 수 없는 노릇이다.

팽팽하게 당겨진 고무줄 위에 날카로운 칼날이 스치고 있는 것처럼, 일촉즉발 극도로 예민해지는 내 안의 논리 싸움에 어찌할 바를 모르겠다. 제발 릴렉스$_{relax}$ 하자. take it easy 안에서 끓어오르는 정체모를 감정을 달래고 가라앉혀보자. 잠시 브레이크 타임을 갖자.

| | | 북 | 한 | 산 | | |

am 9:52에 김포한강생태공원점 할리스에서 씀

내가 지금 이러고 있을 때가 아닌데, 머리가 깨질 듯 아파 아무 일도 할 수가 없다. 차라리 머리통을 박살 내 버릴까? 된장, 옥죄어 놓았던 머리에 쥐가 난 것 같다. 얼마나 지났나... 서서히 맑은 혈액이 돌기 시작한다. 두통이 조금씩 가라앉고 있다. 뇌를 이렇게 혹사해도 되는 걸까? 왼손을 쥐락펴락, 허리는 꼿꼿이, 두통도 사라져 간다. 내 머리와 가슴은 완전 릴렉스relax. 시끄럽고 요사스러웠던 뇌경색의 징조들이 멀리 떠나간다. 창밖으로 보이는 북한산 정상에 쌓인 눈이 만년설로 보인다. 북한산 입구에서 막걸리와 파전 먹은 적이 있다. 그러고는 마치 북한산 등반 완주한 것처럼 무용담을 늘어놓았다. 산, 마운틴mountain을 정식으로 오르고 싶다. 마니산을 정복하고, 지리산, 덕유산, 최종 목적지는 한라산... 당장 산악회에 가입해야겠다. 산에 오르는 그 과정이 너무 소중한 경험이 될 것 같다. 허벅지 근육은 이미 단련해 놓았다. 지구력도 가히 쇼트트랙 선수, 최민정만큼 강하다 자부한다. 기회가 오겠지... 최민정 선수가 기회를 엿보다 추월 타이밍을 포착해 치고 들어오듯이... 기다리자. 기회주의자가 되어보는 거야. 기회주의자가 나쁜 거야?

1. 25. **64**

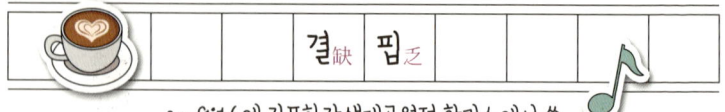

결缺 핍乏

am 9:16에 김포한강생태공원점 할리스에서 씀

독배를 마시리라! 겉은 빠알간 컵이고, 안에는 라테$_{latte}$가 담겨 있지만, 독주라 생각하며 한 모금 마신다. 집중하자! 골든 타임은 2시간뿐, 혀끝은 무뎌지고, 복잡한 머리도 지진이 난 것처럼 흔들린다. 이 작업의 끝은 어디일까? 끝은 날까? 급하게 마신 커피라 체한 건가? 커피 마시고 체한 사람은 내가 유일하지 않을까 싶네. 견딜 수 없는 시름에 달콤한 시럽을 넣어보는 건 어떨까? 고주망태가 되는 것도 좋겠다. 이 지옥 같은 시간을 되돌릴 수만 있다면. 계속 썩은 동아줄에 매달려 있었나 보다. 한고비 넘기면, 또 다른 썩은 동아줄에 매달리고... 왜 이렇게 미련한지. 아카시아 잎을 떼어낸다. 한 잎, 두 잎... 난 바보다, 아니다, 바보다, 아니다, 바보다, 아니다.... 마지막 한 잎. 짝수인지, 홀수인지 처음에 세어 볼걸 그랬다. 결핍. 사전적 의미로 '있어야 할 것이 없어지거나 모자람'을 뜻하는 단어. 나에게 너무 익숙한 단어. 예를 들어, 울 남편 K9에는 시트 히터도 있고, 온갖 자동 전자 시스템, 핸들 보온 기능 등등, 그러나 내 차에는 결핍된 기능들이다. 의문이 생긴다. 왜 자꾸 이를 악물게 되는지, 눈썹 사이에 깊은 주름이 잡히는지 말이다. 머리가 맹렬한 속도로 회전하고 있다.

1. 26.
mon tue wed (thu) fri sat sun

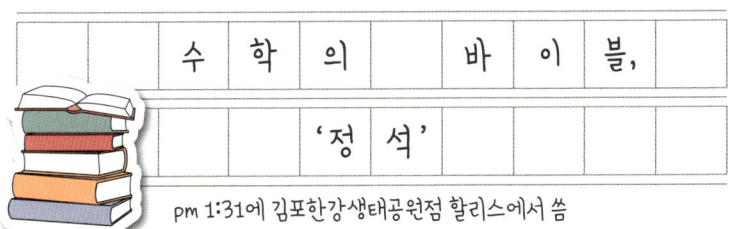

수학의 바이블, '정석'

pm 1:31에 김포한강생태공원점 할리스에서 씀

내 감성에 충실할 수 있는 조건만 갖추어지면, 난 모든 걸 쏟아낼 수 있다. 지금이 바로 그 시점이다. 호르몬이 어쩌고, 도파민, 세로토닌 serotonin 이 어쩌고, 이런 소리는 듣고 싶지 않다. 그냥 다 두들겨 패주고 목 졸라 죽이고 싶을 뿐. 무기징역 선고 받기 직전까지만 두드려 패고 싶다. 이시영처럼 근력을 키우면 그 정도로 때릴 힘이 생길까?

수학 공부는 왜 해야 하는지도 모르겠는데, 미적분을 수학책에서 제외한다고 하네. 그러면 집합은 왜, 통계는 왜, 확률은 왜 공부시켰던 거야? 그것들 때문에 내가 얼마나 고생했는데! 수학의 바이블, 홍성대의 '수학의 정석'... 억울한 내 청춘이여. 피곤하다. 졸음이 몰려온다. 자숙의 시간을 가져야 한다. 홀 안은 더없이 훈훈한데, 이율배반적으로 창밖엔 눈이 쏟아지고 있다.

화이트 와인 한잔하면 좋겠다. 물론 드라이하고 라이트한 것으로… 정서 안정을 위해 좋은 게 뭐가 있나? 폴 왓For what? 길거리에 널려 있는 저 많은 사람은 무엇을 위해 저렇게 열심히 사는 걸까? 성공도 좋고, 돈도 좋지만, 좀 쉬어가자, 우리. 나 뒤처지는 거 싫다. 다 함께 천천히 좀 갑시다.

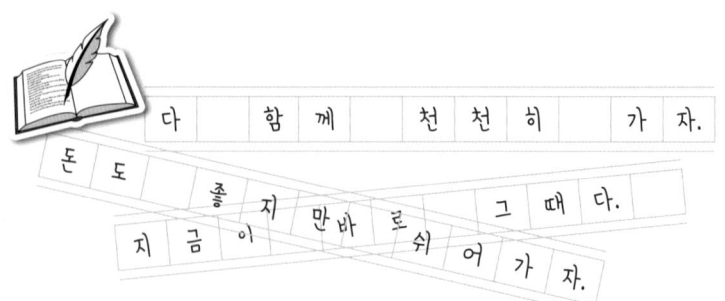

1. 30. **66**

(mon) tue wed thu fri sat sun

잘	나	고					
못	난		것	의		기	준

am 9:38에 김포한강생태공원점 할리스에서 씀

그래, 나 아직 죽지 않았다. 난 믿는다. 사람들은 내 글을 원하고 있다. 화분에 시들어가는 화초를 정원으로 옮겨 심었더니 다시 살아나고 있다. 물도 충분히 주고, 애정으로 돌보니 새싹이 나온다. 바로 이거야. 내가 살아가야 하는 이유. 아침에 눈을 떠도 삶의 의욕이 찾아오질 않는다. 삶의 목적, 이유가 없으면 한순간도 인간답게 살 수 없다. 어디 갈 때 늘 가방 안에 며칠 치 약을 챙겨야 하는 나, 내 삶은 그래서 남과 조금 다르다. 늘 말하지만, 다른 거지 틀린 건 아니다. 바로 어제 일인데도 꿈을 꾼 것 같이 아득하다. 자려고 누워있는데 이유 없이 울음이 터졌다. 남편이 울고 있는 나를 거실로 데리고 나와 안아주었다. 울 남편의 어깨는 아주 넓다. 이젠 그만. 이런 일도 없어야겠지만, 내 아픔이 타인에게 전가되는 것이 싫다. 걱정시키고, 동정받는 삶이 너무 비참하다. 그래도 너무 포근했다. 더 이상 우리 사이에 사랑은 없다고 생각했었다. 정으로 묶여 있는 줄 알았는데, 남편은 어땠는지 몰라도, 어젯밤 내가 받은 건 분명 사랑이었다. 남편은 좋은 사람이다. 장점을 열거하라면 몇 페이지라도 부족하다. 좋은 사람이란 건 잘 알고 있지만, 어제처럼 따뜻한 사랑을 전해주는 사람인 걸 잊고 살았나 보다. 다시 또 피로가 몰려온다. 그냥 이 자리에서 쓰러져 잠들고 싶다. 뜨거운 전기장판 위에 누워 몸을 지질 수 있다면 더 바랄 것이 없겠다. 우리 무주는 집에 잘 있겠지.

도대체 잘나고 못난 거의 기준이 무엇인가? 그 기준은 누가 어떤 자격으로 정한 것인가? 대중이 정한 건가? 전문가가? 권력자가? 누가 정한 건지도 모를 기준으로 사람들의 등급을 나누는 사회, 그런 사회가 정상이라고 할 수 있을까? 몸도 가누기 힘들고 정신도 혼미하지만, 지금은 절대 펜을 놓을 수 없다. 이것이 내 숙명이고, 이런 상황에서도 버티고 살아갈 수 있는 이유이기 때문이다. 누가 내 얼굴에 주먹을 날려주면 좋겠다. 죽기 직전까지 흠씬 때려주면 좋겠다. 그렇게 맞고 나면 오히려 정신이 맑아질 것 같다. 그리고 다시 태어날 수 있을 것만 같다.

서정적 자아와의

만

담

인 풋 input 의 중 요 성

am 9:50에 김포한강생태공원점 할리스에서 씀

글쓰기에 대한 열망을 품고 미친 듯이 차를 몰고 도착했다. 라테latte를 주문하고 조용히 자리에 앉아 음악을 듣는다. 처음의 의도와는 달리, 신파조의 하소연이나 감정 배설로 이 아까운 시공간을 채우게 되진 않았으면 좋겠다. 컴퓨터 학원을 괜히 그만뒀나? 옆에 딱 붙어 앉아 설명하는 게 영 음흉스러운 느낌이라 부담도 좀 되었다. 대단한 인생이 아니어도 나름 재미나게 사는 길도 있다는 걸, 요즘 엄마의 모습을 보며 깨닫고 있다. 그래도 그런 삶이 내 성에 차진 않는다. 더 나은 대우를 받고 소위 잘나가는 커리어우먼의 삶이 더 괜찮아 보이는 건 어쩔 수 없다. 쯧쯧, 눈만 높아서 큰일이다. 창 안에서 울리는 멋진 색소폰 소리에 박자를 맞추듯 창밖 잔가지들이 바람에 흔들리며 춤을 추고 있다. 이런 식으론 발전이 없을 것 같다. 인풋input을 늘려야 더 창조적이고 의미 있는 아웃풋output이 나올 텐데. 모두 놀라게 할 획기적인 아이디어가 필요하다. 책을 읽지 않으니 남들에게 뒤처지는 기분이 더 강하게 든다. 현재 내 돌파구는 글쓰기뿐인데, 잘 써보려 할 수록 머리도 손도 더 굳어지는 느낌이다. 무엇에 대해 써야 하나? 내가 회피하려던 것, 내가 추종하려던 것, 내가 집착했던 것, 결코 기억하고 싶지 않은 것 등등 초조함과 망설임이 계속 교차한다. '늘 한 박자 늦어 기회를 놓치곤 하는 나. 하... 돌아버리겠네...'

내면의 화가 또 솟구쳐 오른다. 불확실한 미래와 답답한 현실 때문이리라. 뇌종양이 생긴 건 아닐까? 같은 자세로 묶인 듯이 앉아있다. 그래 그래라. 죽을 때까지 그렇게 가만히 있어라. 그래도 결국 써야 한다. 글을 쓰지 않으면 내가 존재한다는 사실까지 흐릿해져 가니까.

2. 2. **68**

mon tue wed (thu) fri sat sun

| | | | 행 | 복 | Happiness | | | |

am 9:41에 김포한강생태공원점 할리스에서 씀

무기력한 날. 아무 생각도 나질 않는다. 얼굴을 간지럽히는 햇살마저 짜증스럽다. 내 피부를 노화시키는 주범들, 멀리 꺼져라. 나의 글이 나를 위로할 수 있을까? 나의 희로애락 喜怒哀樂을 함께했는데, 내게 위안을 줄 때도 있지 않을까? 너무 무기력하다. 어찌해야 재충전이 되려나? 누구? 나에게 힘 좀 보태줄 사람 없나? 누가 내 얘기 좀 들어주세요. 사랑하는 당신, 고마우신 당신, 영원을 약속한 당신, 나 좀 안아주세요. 전원을 켤 수 없을 정도의 완전한 방전, 지금 내 상태. 정신 차리고, 또 다짐해 보자. 행복이란 게 대단한 성공이나 성취 후에 주어진다고 믿었는데, 강아지와 동네 산책하고, 더러워진 발을 씻길 때 느끼는 감정도 소소하지만, 분명한 행복이라는 것을 최근에 깨달았다. 우두커니 앉아 허공을 응시하는 게 내 약점이고, 핸디캡이고, 병 후유증이란 소리 들었는데 적어도 지금은 뭐라고 시비 거는 사람은 없다. 그래서 맘 놓고 멍하니 창밖을 응시하고 있다. 이게 맞는 걸까? 고집도, 자존심도 없이 휩쓸려 다니며 휘둘리는 삶.

오늘은 목요일, 부천 가는 남편이 늦는 날, 나에게 자유가 콸콸 쏟아지는 날, 샘솟는 의지로 힘차게 비상하는 그런 날이 되면 좋으련만.

2. 8.
mon tue (wed) thu fri sat sun

69

바	다	로		흘	러	가	는
강	물		같	은		인	생

am 9:52에 김포한강생태공원점 할리스에서 씀

아직 이른 감이 있다. 그래도 오랜만에 용기 내어 펜을 들었다. 51.4kg, 갈 길이 멀지만, 살도 좀 빠졌다. 음악 소리, 사람들 대화 소리, 이 공간은 여전히 활기가 넘친다. 사람 사는 냄새랄까 그런 느낌이 드는 장소다. 날도 포근해졌다. 팔에 힘이 안 들어간다. 그제는 개그맨 김국진과 함께 치킨을 먹는 꿈을 꾸었는데, 어제는 공유가 꿈에 나왔다. 길한 꿈인가, 아님 개꿈일까? 공유도 영어 잘한다던데, 내가 영어를 중도 포기하지 않고, 끝까지 공부했다면, 번역가나 동시 통역가가 되었을 텐데. 미련 때문에 집에 쌓아놓았던 영어단어장들, 컴퓨터 수험서들, 다 버리고 나니 좀 서운한 마음도 든다. 출근하는 날 남편은 오전 정각 7시가 되면 침대에서 튕겨 일어나 바로 씻으러 간다. 정말 대단하다. 심지어 휴일에도 늦잠 자는 일이 거의 없다. 울 남편 연봉이 얼마더라? 꽤 높은 연봉이라며 자랑하는데 딱히 감이 오질 않는다. 요즘 물가가 장난이 아니기도 하고. 그런데 왜 갑자기 그런 증세가 왔을까? 일주일을 꼬박 앓았다. 최근에 추가한 약의 부작용인 것 같다. 날씨가 더 풀리면 의상 콘셉트_concept_을 완전히 바꿔야겠다. 옷장에는 봄옷이 열을 맞춰 대기 중이다. 살이 좀 빠진 덕분에 허리 걱정을 안 해도 된다. 그래도 안주하지 않고, 꾸준히 체중감량을 해나가야 한다.

큰 줄기, 내 인생 여정의 큰 줄기를 잊지 않아야 한다. 삶의 곁가지들, 작은 실개천 등에 마음을 빼앗기면 안 된다. 내 삶이 궁극적으로 흘러 도달해야 할 바다를 기억해야 한다. 그래서 일기를 쓰는 것이다. 일상의 실개천 같은 사건들, 관계들에도 관심과 정성을 기울여야 하겠지만, 큰 물줄기와 바다 같은 삶의 목표와 의미를 붙잡고 길을 찾아보자. 흘러가는 인생의 강물, 나는 얼마큼 와 있는 걸까...

2. 10.
mon tue wed thu (fri) sat sun

70

| | | 온溫 | 고故 | 지知 | 신新 | |

am 11:29에 김포한강생태공원점 할리스에서 씀

오늘 아침은 이불 밖으로 나오기가 너무 힘들었다. 무거운 몸을 일으켜 서둘러 봤지만, 시간이 너무 지났다. 신선한 소재가 없을까? 요즈음 이과가 문과보다 더 환영받는 시대다. 과학, 기술, 이공계열이 중요하긴 하다. 하지만 인간 본연에 대한 통찰이 담긴 인문학을 경홀히 여겨서도 안 된다. 반면에 우리 조상들은 너무 인간 본성 중심의 학문을 추구하고, 과학, 천문학 등 기술을 천히 여기고 도외시했다. 역시 모든 일엔 적절한 믹스$_{mix}$와 균형이 중요하다. 역사를 통해 배우고, 미래를 준비해야 한다. 이것이 바로 '온고지신溫故知新'이다.

2. 13. **71**

도	덕	적		해	이	와	
		나	르	시	시 즘		

Moral Hazard / Narcissism

am 9:17에 김포한강생태공원점 할리스에서 씀

모럴 해저드 Moral Hazard, 즉 도덕적 해이란 개인이 눈앞의 이익을 추구하여 장기적인 혹은 공동체의 큰 손실을 초래하는 것을 의미한다. 생각해 보면 나에게도 해당하는 말이다. 전업주부로서 가계부도 쓰지 않고 집안 살림을 방만하게 경영한 죄, 기름값 아낄 줄 모르고 여기저기 쏘다닌 죄, 저출산 문제가 심각한 시대에 아이를 낳지 못한 죄 등등. 이렇게 적용해도 되는 말인가? 사회적으로 좀 더 책임 있는 지위에 있는 사람에게 해당하는 말은 아닐는지. 어렵네...

노블레스 오블리주 noblesse oblige 는 사회 고위층 인사에게 요구되는 높은 수준의 도덕적 의무를 말한다. 이건 알고 있다. 노블레스 오블리주를 실천하고 싶어도, 사회 고위층 인사와는 거리가 먼 삶을 살고 있어 실행에 옮기긴 어렵겠다.

포퓰리즘 populism 은 대중을 동원하여 권력을 유지하는 정치행태로 대중주의라고도 한다. 이것도 뉴스에서 많이 들어서인지 대충 이해하고 있다.

나르시시즘Narcissism이 맞을까 '시'를 빼고 나르시즘이 맞을까? 궁금했었는데, 나르시즘은 나르시시즘의 비표준어라고 한다. 보통 '자기애'로 이해하면 된다. 나도 가끔 나르시시즘에 빠질 때가 있다. 적당한 자기애는 오히려 인생을 자신 있게 살아가는 데 도움이 되지 않을까 싶다.

왼쪽 어깨에 계속 통증이 있고, 팔도 저리다. 아프다는 말 너무 하지 말고, 아프면 조용히 병원 가서 치료를 받으라고들 한다. 왜 아프단 말을 달고 사나? 나는 참 여러 부위가 아팠다. 발목, 무릎, 어깨, 허리... 안 아픈 곳을 말하는 게 더 빠르겠다. 매일같이 네이버에서 질병에 대해 검색했었다. 아픈 티를 너무 내며 사는 것, 남편도 싫어하고 엄마도 옆에서 짜증을 많이 낸다. 그러고 보니 부친은 우리에게 어디 아프다고 말씀하신 적이 없다. 혼자 병원 다녀오시고 나중에 이야기해 주신다. 현명하고 강하신 나의 부친. 많이 아팠고, 지금도 자주 아픈 내가 충고하는데, 아픈 분들, 아프단 말, 주변에 너무 많이 하지 마시고, 빨리 병원 다녀오세요.

2. 15.

mon tue (wed) thu fri sat sun

72

am 9:44에 김포한강생태공원점 할리스에서 씀

나는 커피를 그냥 습관으로 마시는가, 아니면 배고파서 마시는가? 답은 후자다. 힘도 없고 배도 고플 때 이렇게 달려와 커피를 벌컥벌컥 마시며 배도 채우고, 공허한 내 존재도 채우는 거다. 내 글씨체가 보여주는 지금의 내 상태. 신들린 사람처럼 머리에서 손으로, 그리고 글자로 형상화되는 내 상념과 감정을 소홀히 해서는 안 된다. 돌아보면, 그래도 꾸역꾸역 여기까지 잘 걸어왔다. 아무런 낙이 없다. 글이고 나발이고 다 허튼짓은 아닐까? 어쨌든 중요한 건 여기까지 왔다는 거다. 이 시점에서 내가 할 수 있는 것은 주어진 현실에 최선을 다하는 것. 커피숍에서 일하는 젊은이들, 동사무소 민원실에서 매일 같은 종류의 멘트를 지겹게 하는 공무원들, 버스 타면 충실히 안전 운전하는 기사분들, 백화점 가면 친절히 설명하며 물건 파는 판매원들, 모두 자신에게 주어진 책임을 군소리 없이 감내하는 훌륭한 이들이다. 대부분 주어진 상황에서 할 수 있는 데까지 노력하며 살아간다. 나도 내게 주어진 미션mission에 최선을 다할 것이다. 낙이 없는 건 어쩌면 최선을 다

하지 못해서이고, 대가를 떠나 할 도리를 다하지 않아서이다. 이 사회에 보탬이 되고자 한다면 규율과 규칙을 정해 묵묵히 내 할 일 해야 한다. 누가 뭐래도 가야 할 길로 흔들림 없이 직진하면 되는 것이다. 우리 함께 손잡고 하나의 유기체有機體처럼 어우러져 힘써 일합시다.

2. 16.
mon tue wed (thu) fri sat sun

73

| 거 | 북 | 이 | 처 | 럼 | | 숨 | 기 |

am 9:46에 김포한강생태공원점 할리스에서 씀

아침에 일어나 보니 배가 홀쭉하다. 너무 반갑다. 고맙고, 사랑한다. 한동안 체중 측정을 안 했다. 실망할까 봐. 비가 오려는지 하늘에 먹구름이 가득하다. 어제는 잡채를 만들었다. 근데 면을 너무 오래 삶았다. 다음엔 좀 더 완성도 높은 잡채를 완성하리라. 잡채는 야채를 먼저 고루 익히고, 면을 익혀 들기름에 살살 볶는다. 그리고 제일 중요한 간 맞추기에 돌입한다. 나는 투투 two two 용법을 쓴다. 내 시크릿 secret, 며느리도 모르는, 그 누구에게도 승계하지 않은 방법이 있다. 간장을 천천히 두 바퀴 원을 그리며 부어준다. 너무 빨라도 안 되고 너무 느리면 짜진다. 서서히 두 바퀴 뿌려준 뒤에 설탕은 밥숟가락으로 가득 두 숟갈 넣어준다. 면이 뜨거우니 면장갑을 끼고 그 위에 일회용 비닐장갑을 덧씌운 후 잘 비벼준다. 골고루 비비는 게 중요하다. 달콤하면서 짭조름한 맛이 일품이다. 20인분이라 양은 넉넉하다. 적당한 크기의 락앤락에 담아 친정에 갖다 드리거나, 가까운 이웃에게 권하기도 한다. 나누는 기분은 언제나 최고다. 체중을 재는 대신, 몇 년 전 날씬할 때 입었던 짧은 스커트를 입어 봤다. 결과는 노 코멘트 no comment. 약을 끊긴 어렵겠지만, 줄여보는 방법을 생각 중이다. 교수님 컨펌confirm 받은 후에 시도해 보려 한다.

운전하다가 옆 차가 너무 조용해 힐긋 보니 역시나 전기차다. 소음이 전혀 없었다. 디자인도 멋지고, 새 차여서 그런지 번쩍번쩍 고급 차 느낌이 뿜뿜. 미끄러지듯 부드럽게 내 차를 앞질러 이내 시야에서 사라졌다. 그렇다고 내 차 빨간 깡통 붕붕이가 부끄러웠던 건 아니다. 내 차가 부끄럽진 않은데, 좀 미안하긴 하다. 주차하다 벗겨지고, 상처 나고, 차 안엔 먼지가 가득하다. 93,000km를 넘어선 마일리지. '십만, 아니 이십 만까지는 타는 거라고 하니, 지금까지처럼 사고 없이 쭈~욱 가보자, 붕붕아!'

그제가 '발렌타인데이'였다. 발렌타인데이와 화이트데이가 헷갈리기 시작하는 걸 보니 내가 나이가 들긴 했나 보다. 어떻게 그걸 모를 수 있지? 울며 겨자 먹기로, 울 남편에게 차에 두고 당 떨어질 때 먹으라고 카카오 초콜릿 한 통 사줬다. 화이트데이 기대해도 되려나?

내가 맷집이 좀 세다. 공격을 받으면 맞서 싸울 생각은 않고, 거북이 머리 감추듯, 재빠르게 몸을 움츠린다. 주변 사람들은 그런 나를 답답해하지만, 방패 뒤로 숨어 버리면 그만이다. 대신 난 뒤끝이 정말 길게 간다. 짧으면 일 년, 길면 십 년도 간다. 그걸 아는 사람들은 날 잘 안 건드린다. 일종의 생존 스킬$_{skill}$이다. 몰라. 내 멋대로 산다. 옳고 그른 것도 없고, 맞고 틀린 것도 없고, 같고 다른 것도 없다. 젠장. 다 죽여 버리고 싶다. 미국이었으면 총기 난사범이 될 판이다. 어제도 약 한 알로는 부족하단 걸 실감했다. 그래서 반 알 추가했다. 잠이 오지 않을 땐 오늘 했던 일들을 되뇌어 본다. 그래도 잠이 안 오면, 내일 할 일을 생각해 보고, 무슨 옷을 입고, 그 옷에 어떤 신발을 매칭$_{matching}$할 지도 생각해 본다. 딱히 행복할 이유가 없는데, 기분 좋고 행복하다고 느끼면 이것도 약 기운인가 의심한다. 이런 내 모습에 또 서글퍼졌다.

학창 시절, 제2외국어로 일본어를 배웠다. 일본어 선생은 대놓고 나를 무시했다. 다른 과목에 비해 일본어 수업은 왠지 싫었다. 선생이 날 무시해서 그 과목이 싫어진 건지, 내가 공부를 잘못해서 그 선생이 날 무시한 건지, 선후$_{先後}$ 관계는 명확하지 않다. 확실한 건, 결국 일본어 성적이 '양'이었다는 거다. 예상했던 결과라 충격을 받진 않았다. 그래도 선생이 그러면 안 된다는 생각엔 변함이 없다. 선생 자질이 없는 사람에게 아이들을 맡겨서는 안 된다.

2. 17.
mon tue wed thu (fri) sat sun

74

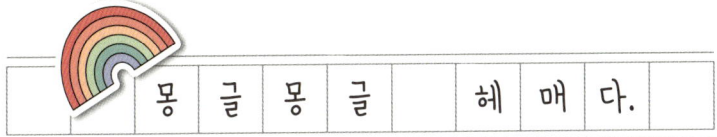

| 몽 | 글 | 몽 | 글 | | 헤 | 매 | 다. |

am 9:49에 김포한강생태공원점 할리스에서 씀

어제는 해롱해롱 그 자체였다. 레몬 맛 수입 맥주 한 캔에 완전 맛이 가버렸다. 오랜만에 친구와 잡은 약속 시간이 얼마 안 남았는데, 머리가 빙빙 돌아 침대에 쓰러져 버렸다. 누워있으면 좀 나아지겠지… 5분, 10분이 지나도 차도가 없다. 결국, 약속을 다음 주로 미루었다. 속상했다. 며칠을 기대하며 기다린 약속이었는데… 이 맥주, 도대체 뭐야? 얼마 전에 테라를 마셨을 때도 이러진 않았는데, 공복이어서 타격이 컸던 걸까? 마취 총 맞으면 이런 느낌이려나, 여하간 굉장한 경험이었다.

오늘은 불금이다. 출근하는 남편에게 각인시켜 주었다. 주말의 시작, 금요일이니 힘내라고 말이다. 7시 기상 알람이 울리면 경주마처럼 달려나가는 울 남편. 뭐라도 도와야겠다 싶어 마즙과 함께 연근 차를 보온병에 담아주고, 찜질팩도 데워 담아주고, 향수 3번 뿌려주고, 무주와 함께 엘리베이터까지 배웅했다. 그리고 '필승' 인사도 잊지 않았다. 배웅 끝. 현관문 닫고, 침대에 벌러덩 눕는다. 집 나가면 다 돈이다. 하루 커피값, 기름값, 맥주도 한 캔, 인터넷 서핑하다 꼭 필요하지도 않은 옷도 한 벌 등등. 그래도 한 글자라도 더 남겨보자고, 이 카페이 자리로 출근해 나와 있다. 주말엔 비가 온단다. 이번에는 무지개를 볼 수 있으려나?

2. 20.

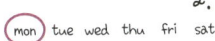

75

| 계鷄 | 륵肋 | 과 | | 뜨 | 거 | 운 | | 감 | 자 |

 am 9:15에 김포한강생태공원점 할리스에서 씀

'계륵鷄肋', 사전적 의미로는 먹기엔 양이 적고 버리기엔 아까워 이러지도 저러지도 못하는 형편을 일컫는 말이다. 내 남은 인생이 계륵처럼 느껴진다. 무의미하게 이렇게 사는 게 무슨 의미가 있겠나 싶지만, 그렇다고 이 생을 그냥 포기하기엔 아까우니 말이다. '뜨거운 감자'의 사전적 의미는 삼킬 수도 없고 뱉을 수도 없는 상황을 뜻하는 것으로, 어떤 일을 하기도 곤란하고, 그렇다고 안 할 수도 없는 난처한 경우에 사용하는 표현이다. 그래서 내 인생은 뜨거운 감자이기도 하다. 그런데 우리 무주도 뜨거운 감자다. 계속 똥 치워 가며 매일 한 시간씩 산책시키며 길러야 하는지, 남의 집으로 보내야 하는지 고민스럽다. 그래도 집에 가면 날 반겨주는 건 무주밖에 없다. 이 두 단어는 영어로 딜레마dilemma, 한자성어로는 진퇴양난進退兩難과도 일맥상통하지 않을까? 인생이 다 그렇지 뭐... 항상 이런 선택의 기로에 서 있는 우리 삶을 대표하는 말 같다. 그러니 매사에 현명한 선택을 해야 한다. 그래야 인생이 화려한 꽃을 피워내고 창대한 결말에 이를 수 있으니 말

이다. 꽃샘추위인가? 바람도 많이 분다. 이 짧은 추위가 지나가면 따뜻한 봄 햇살을 볼 수 있겠지. 계절은 지나가고, 세월도 흘러간다. 같은 계절이 반복되는 거야 자연의 섭리이지만, 내 인생을 아름답게 바꿀 수 있는 것은 결국 나의 올바른 선택이다.

오늘 롯데몰 정기휴일인가? 다행히 롯데마트는 무주 출입을 허락했다. 근데 커피숍이나 빵집들은 왜 강아지를 못 데리고 들어가게 하는 거지? 소리 내며 짖는 것도 아니고, 오줌, 똥을 싸는 것도 아닌데, 왜 죄인 취급하는 거냐고. 커피숍 밖에서 진동벨 손에 들고 무주랑 서 있는데 정말 처량했다. 커피 매상 올려주는 손님을 이렇게 푸대접해도 되는 건가? 욕이나 한 바가지 해줄 걸 그랬다.

바람에 낙엽들이 구르고 있다. 사춘기 때는 굴러가는 낙엽만 봐도 웃음이 난다는데, 나도 그랬던가? 우리 무주는 굴러가는 낙엽을 보면 달려가 물어뜯더라. 이럴 때 보면 아직 아기다. 우리 무주. 이따가 한 시간 정도 산책시켜줘야겠다. 고촌이란 동네는 좀 이상하다. 개똥을 치우지 않고, 그냥 낙엽 더미 안에 묻어둔다. 운이 없어 밟기라도 하면 정말 화가 날 것 같다. 물론 난 비닐봉투를 항상 휴대하고 다닌다.

집에서 나올 때면 전기장판, 고데기, 전등 등 전원을 다 껐는지, 안방 문을 닫았는지 확인하는데도, 막상 나오면 뭔가 찜찜하다. 내가 이렇게 편안한 마음으로 커피 한잔하며 글을 쓸 수 있는 게 다 약 덕분이라고 생각하니 자존감이 확 추락한다. 모르겠다. 말을 말자. 누구든 내 치부에 대해 떠들고 다니면 가만두지 않을 거다. 교수님만 빼고... 차라리 세로토닌 serotonin 을 액화시켜 향수처럼 몸에 뿌리면 어떨까? 효과가 있을까? 챗GPT도 나오는 세상인데 그런 건 못 만드나?

2. 22.
mon tue (wed) thu fri sat sun

76

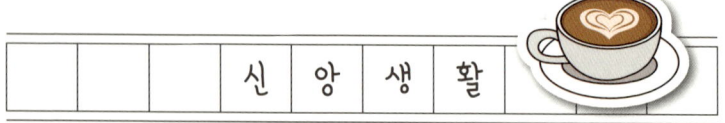

| | | | 신 | 앙 | 생 | 활 |

am 10:16에 김포한강생태공원점 할리스에서 씀

카페라테를 마신다. 크게 한 사발. 골드 회원이라 멤버십으로 사이즈를 업했다. 사은행사라며 아메리카노 주문하면 뭘 준다고 한다. 그래도 굳이 라테latte를 고집하는 이유는 그저 순하고 부드러워서이다.

남편은 입버릇처럼 십 년만 더 일하고 귀농하겠다고 한다. 난 어떡하라고. 김포에서 무주로 왔다 갔다 하라는데, 내 운전 실력으론 고속도로는 무리다. 전라북도 무주군 안성면 사전리까지 내 빨간 깡통 어떻게 끌고 가라고? 너무한 거 아닌가?

사실 글 쓰는 작업, 나에겐 너무 버거운 일이다. 무언가를 생각해 내서, 문장으로 표현하는 일이 생각보다 쉽지 않다. 내 열등감, 부족함은 살짝 감추고 아바타가 되어 거침없이 날아다녀야 한다. 엄마는 성당에 다녀온다고 한다. 신앙생활이란 게 사람 참 귀찮게 하고, 또 사람들끼리 서로 마음 안 맞아 싸우기도 하고, 말도 많고 탈도 많더라.

견진세례까지 받은 나지만, 신앙생활을 내 일보다 우선으로 생각하고 사는 거... 난 자신 없다. 아니 성격에 안 맞는다. 성경 읽고 일요일에 한 번 미사 보고, 그 정도인 줄 알았는데 삶을 다 내어주어야 한다. 교무금이라고 통장 만들어 얼마씩 돈도 내야하고, 반모임해서 음식 차리고 초대해야하고... 부담스럽다. 하긴 성당만 돈 걷는 게 아니더라. 수영장에서 아쿠아로빅 배울 때도 회비 걷자고 하고, 단학선원 다닐 때도 단합을 위해 돈을 걷자고 하더라. 심지어 컴퓨터 배울 때도 회비 걷어서 커피믹스라도 사다 놓자고 한다. 나만 마음에 안 드나? 왜 꼭 같이 커피 마시고, 식사 같이해야 하는 건지. 그냥 들은 척만 척해야겠다.

2. 23.
mon tue wed (thu) fri sat sun **77**

귀 농 이 뭐 길 래

 am 10:01에 김포한강생태공원점 할리스에서 씀

아침부터 내 서정적 자아, 일명 '서자'와 크게 다퉜다. 한 번 제대로 붙자. 머리털 다 뽑고, 상판대기 세숫대야에 10차선 고속도로를 내주마. 입 안이 까칠해지고 눈알이 핑핑 돈다. 딱 기다려라. 내가 곧 찾아갈 테니... 따뜻한 음료를 마시니 전조증상이 좀 풀린다. 자~ 이 세상 머저리들이 내 지령을 따르도록 만들 것이다. 좀비처럼 만들어 세상을 쓸어버릴 거다. 다 마음에 안 든다. 요즘 애터미가 다단계냐 아니냐 말들이 많다. 다단계라... 내가 다단계 한번 엮어볼까? 다이아몬드 회원도 만들고 말이다. 또 뭔 지랄을 떠는 거야. 가끔 나에게 묻곤 한다. 굵고 짧게 살래, 아니면 가늘고 길게 살래? 선택할 수 있다면 가늘고 길게 살겠다. 조용히 글 쓰면서, 그런데 울 남편은 귀농하겠다고 고집을 부린다.

2. 27.

DMZ와 사회생활

am 9:26에 김포한강생태공원점 할리스에서 씀

카페라테caffe latte '그랑데 사이즈'를 말 그대로 들이키고 있다. 아침에 샤워하고 잠시 망설였다. 체중계에 오를까 말까? 결국, 이틀 뒤 수요일로 거사를 미루었다. 남들이 뭐라 하든, 나에겐 매우 중요한 일이다. 당분간 단백질 쉐이크도 끊을 계획이다. 월요일이니 새롭게 각오를 다지고 한 주를 보내야지. 도전과 반성의 무한 반복. 이 반복되는 윤회를 넘어 해탈하여 열반에 드는 것, 그때가 루즈 웨이트lose weight 종결의 날이 되리라. 월요일이라 남편도 평소보다 더 서둘러 출근했다. 마를 갈아 준대도 싫다 하고 위 개선 음료만 마신다. 그 큰 덩치에 요구르트만 한 음료 한 잔 마시고 나가는 게 좀 안쓰럽긴 하지만, 그래, 남편도 살을 빼야 한다. 어느새 80kg이 넘었다. 줄넘기한다고 온 식구가 밖에 나가 뛰어댄다. 300개는 좀 약하다. 천 개는 해야지.

창밖은 죽은 듯이 고요하다. 가끔 차들이 그 적막을 깨며 지나갈 뿐.

창밖 나무 위 까치는 길조가 맞나? 아니면 그냥 흔한 텃새인가? DMZ 에는 희귀한 동물들도 많이 산다는데, 쥐라기 공원처럼 꾸며놓고 관광객 유치하면 돈 좀 되지 않을까? 엄마랑 임진각에 갔다가 DMZ라고 써진 열쇠고리를 선물 받았다. 그래서인지 열쇠고리를 보면 DMZ가 생각난다. 우리 토종 생태계를 보호해야 한다. 해외에서 유입된 동물들이 생태계 먹이 사슬을 어지럽히고 있다. 특히 잡식성 뉴트리아는 생태계를 파괴하는 없어져야 마땅한 동물이다. 아 어찌하나, 모두 박멸시켜야 하는데 걱정이다.

'대행사'라는 드라마가 최종회를 마쳤다. 함께 협력하고 고생해 좋은 결과를 내고, 꿈을 향해 도전하고 돈도 버는... 사회생활이란 그런 맛이 있어야 한다. 나도 그런 직장생활 해 봤으면 좋겠다. 난 항상 무언가를 갈구하고 있다. 내 존재 가장 밑바닥에서부터 알 수 없는 어떤 기운이 서서히 끓어오른다. 예민해진 탓인가? 알 수 없는 욕구가 용솟음쳐 폭발 일보 직전이다. 부글부글, 나도 사회생활 꽤 오래 해봤다. 모멸도 당해보고 인정받는 단계에 이르기까지 동료 직원들의 시기도 받았다. 솔직히 지금 그 짓을 다시 하라고 하면 거절하겠다. 매번 백만 원도 안 되는 돈을 받고 일했다. 연금과 세금 제하고 남은 구십 몇 만원이 내가 최고로 받은 금액이었다. 그래서 전문직이 좋다는 거다. 세무서나 회계 사무소라도 들어가 일을 배웠어야 했나? 솔직히 모르겠다. 뭐가 정답이었는지 어떤 길이 맞는 길이었는지, 다시 돌아가도 모를 거다.

난 겉만 번지르르한 사람이다. 내 속이 어떤지는 나도 모른다. 어떤 때는 아는 것 같다가도, 곰곰이 생각해 보면 역시 모르는 게 맞다. 우리가 사는 지구도 중심으로 들어가면, 핵이 있고, 그 속에 내핵이 있고... 깊이 들어갈수록 알 수 없는 형체가 있다고 한다. 나도 그렇다. 내 겉을 안다고 나를 다 안다고 생각하면 오해다. 사실 누가 알까 겁난다.

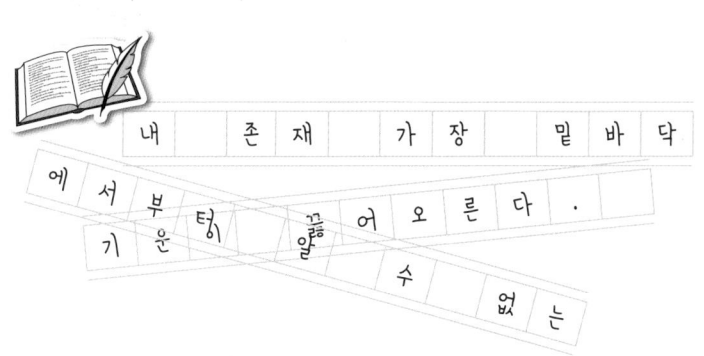

내 존재 가장 밑바닥에서 부터 알 수 없는 기운이 끓어오른다.

서정적 자아와의

만

담

mon tue wed (thu) fri sat sun　3. 2.　**79**

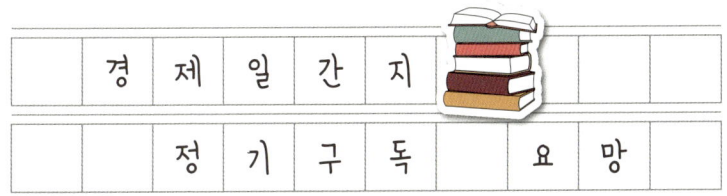

| 경 | 제 | 일 | 간 | 지 | | |
| 정 | 기 | 구 | 독 | | 요 | 망 |

am 9:54에 김포한강생태공원점 할리스에서 씀

21세기를 살고 있는데, 아직도 지구가 평평하다고 믿는 사람들이 있다고 한다. 지구 전체를 실제로 본 적이 없어서 그런가? 그런 사람들을 모아서 우선으로 우주여행을 시켜줘야 할지도 모르겠다. 지구가 평평하다고 생각하진 않지만, 나도 더 공부해야겠다. 내 얄팍한 상식이 더 이상 통하지 않는다는 결론에 도달했기 때문이다. 읽어야 할 책도 너무 많고, 알아야 할 지식은 계속 늘어간다. 하나라도 더 내 것으로 만들고 싶어 모르는 것 있으면 검색하고 남편과도 토론하며 지식을 쌓아 가려고 한다. 본격적으로 공부도 더 해볼까도 생각했지만 다양하고 전문적인 사설들을 읽어나가는 게 낫겠다는 결론에 이르렀다. 그래서 경제신문 일간지를 정기구독하려고 한다. 시아주버님은 경제신문 일간지를 많이 읽으신다. 그래서인지 참 박식하신 분이다. 잘 모르는 단어나 정보를 듣게 되면 뒤처지기 싫은 마음에 인터넷에 들어가 검색한다. 최근엔 '이권 카르텔'이라는 말이 많이 들려 찾아보았다. 일종의 독과점 남용인 듯하다. 이 경제 용어가 왜 정치권에서 많이 이야기되는지 궁금하여 좀 더 알아보니, 시장통제나 독점화를 목적으로 동일 산업 분야의 기업들이 협약 등으로 연합하는 형태를 경계하는 것이었다.

카페 안이 소란스러워 집중하기가 어렵다. 오늘따라 엄마도 커피숍에 따라오시려 해서 집에서 쉰다고 거짓말을 해야 했다. 어제는 수요일이라 재활용 쓰레기 버리고, 3.1절 휴일이라 점심에 뭘 먹을까 고민하다 남편도 나가기 귀찮다 하여 오랜만에 짬뽕을 시켜 먹었다. 밤에는 자다가 두어 번 깼다. 그래도 깊은 잠을 잤는지 몸은 가볍고 개운하다.

3. 3.
mon tue wed thu (fri) sat sun

| | | 백 | 두 | 산 | | | |

am 9:47에 김포한강생태공원점 할리스에서 씀

서해안에 비브리오패혈증 비상이 걸렸다고 한다. 올해 11월까지 바다에서 증식하는 병이라 검역을 시작한다며 겁을 준다. 지구가 왜 이렇게 되었는지 모르겠다. 여하간 매사에 조심해야 하는 시대다. 소나무를 죽이는 재선충병도 유행이라고 한다. 왠지 소나무는 독야청청, 생명력도 강하다고 생각했는데, 질병 앞에선 별수 없나 보다. 그리스에서 열차 충돌 사고로 54명이 사망하고 100명 넘는 사상자 생겼다. 홍콩에선 빌딩에 큰 화재가 발생했고, 튀르키예에선 지진 피해 여파로 많은 사람이 어려움을 겪고 있다. 우리나라도 더 이상 지진 안전지대는 아니라지? '백두산'이란 영화를 보면 백두산도 사死화산이 아니라 휴화산이라 언젠간 폭발할 수 있고, 그럴 경우 한반도를 뒤덮을 만한 위력을 가지고 있다고 하니 미리 대비해야 할 거다.

오늘은 새벽 6시에 눈을 떴다. 선잠을 잔 거 같다. 미용실에 간 지도 꽤 오래되었다. 지금까지는 모든 것이 순조롭다. 계속 지금만 같으면 하는 바람을 담아 기도를 올린다. 제발 주酒님, 나에게 은총을 내리소서. 배우 공유가 좋아서 테라를 마신다. 실제로 보면 더 멋지다고 하는데... 흔한 스캔들 한번 없었고, 예의도 바르고, 영어도 잘한다지? 생각만 해도 내 눈이 하트로 바뀐다. 사랑합니다. 공유 씨, 초심을 잃지 마시고 계속 정진하시길 기원합니다. 백화점엔 봄옷들이 야리꾸리[1]하게 진열되어 있다. 좋은 음악이 잔잔하게 흐른다.

어제는 50.5kg을 찍었다. 1kg만 빼면 49.5kg, 드디어 40kg대에 진입하게 되나? 욕심과 의지가 가득 담긴 눈으로 저 멀리 북한산을 응시해본다. 친구 S는 중국어과를 나왔다. 학교는 몰라도 과는 좋은 과를 졸업했다는 생각에 부러워진다. 남은 라테latte를 한꺼번에 마시며 안 좋은 생각을 날려버린다. 바람이 차서 덜 말린 머리를 걱정했다. 다행히 홀 안이 따뜻해서 아무 문제가 없다. 우리 집 기둥인 남편이 요즘 감기로 고생 중이다. 그 좋아하는 술도 마다하는 걸 보니, 많이 안 좋긴 한가보다. 보육원 같은 데서 봉사도 하고, 마음에 남는 아이가 있으면 후원하다가 입양하면 어떨지 하는 생각도 한다. 아이라고 다 예쁜 건 아니더라. 큰집 조카들 다 맘에 안 들고 정이 안 간다. 혹 재산 때문에 형님이 우리한테 잘해주시나? 우리가 뒤늦게 입양한다고 하면 경계하시려나? 별 시답지 않은 생각을 다 한다.

---

1. 일본어에서 온 속된 말로 조잡하거나 불분명하여 야 릇하다는 뜻을 가진다.

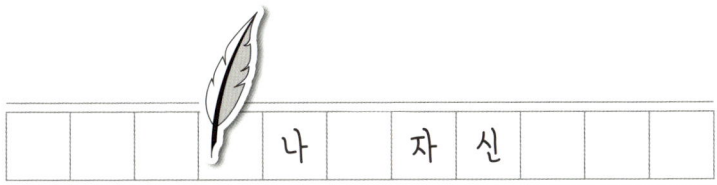

| | | | 나 | 자 | 신 | | |

am 11:29에 김포한강생태공원점 할리스에서 씀

익숙한 공간에 자리를 잡고, 유튜브 영상을 보는 중이다. 정체 모를 감정이 솟아오른다. 불안한 기운인 것도 같고, 분노 같기도 하다. 아니면 열정인가? 이러다 말 거라고 하며 애써 외면한다. 다시 핸드폰에 집중하려 하는데 쉽지 않다. 몸이 보내는 위험 신호이진 않을까? 걱정도 된다. 욕설을 뱉는 것도 이제 지겹다. 글 쓰는 것도 싫었는데, 결국 다시 펜을 들었다. 숨이 가쁘다. 겨우 덮어 두었던 상처에서 피가 흘러나온다. 모든 문제의 근원은 나, 나이고, 나 자신이고, 나 스스로에 놓여 있다. 그렇게 인정하며 살아왔다. 남 탓하지 않으련다. 왠지 눈물이 나려고 한다. 서러워서? 한심해서? 어쩌겠나, 타고난 성품이 이런 것을.

3. 13. **82**

베이지색 마스크

am 10:07에 김포한강생태공원점 할리스에서 씀

'JMS'와 '신천지', 사이비 교주들이 있는 곳. 사람을 신격화해서 교주의 말이라면 무조건 복종하고, 심지어 그 사람을 찬양하는 노래까지 만드는 종교, 아니 사이비 집단이다. 어떤 비법이 있기에, 신도들을 수도 없이 모아 자신을 칭송하게 할 수 있었을까? 염병할 놈들.

들떠있는 마음 겨우 진정시키고, 힘겹게 펜을 든다. 꽃샘추위, 바라기는 추운 겨울의 마지막 몸부림이길. 거의 다 왔다. 조금만 참으면 따뜻한 봄날을 누릴 수 있다. 그날이 오면, 준비해 둔 예쁜 봄옷에 화사한 빛깔의 구두를 신고, 화장도 곱게 하고, 봄을 맞이하리라. 이제 마스크의 의무에서도 해방되었다. 써야만 하는 상황에서, 써도 되고 안 써도 되는 상황으로 바뀌었다. 그런데도 계속 마스크를 쓰는 것은 베이지색 마스크와 나는 이미 하나가 되어서이다. 필수 소품처럼 되어버려 어디를 가든 잊지 않고 착용한다.

3. 14.
mon tue wed (thu) fri sat sun

| | 러 | 너 | 스 | 하 | 이 | runner's | high |

am 9:59에 김포한강생태공원점 할리스에서 씀

고통 속에서 느끼는 쾌락, 그런 게 가능할까? 실제 마라톤 선수는 극도의 고통스러운 지점을 지나면 엔도르핀endorphin이 과다 분비되면서 강한 희열을 느낀다고 한다. '러너스 하이runner's high'를 경험하는 것이다. 소설 '다빈치 코드'를 보면 채찍으로 자기의 등을 매질하면서 신앙심을 고취하는 장면이 나온다. 신을 믿는 이유가 우리의 기쁨과 행복 때문일 텐데, 고통 가운데 희열을 맛보는 종교라면 난 관심 없다. 그건 그렇고, 러너스 하이, 그래서 어쩌자는 거냐? 극한의 고통이 쾌감으로 바뀌는 그 순간을 바라보며 계속 고통 속에 살아가라고? 궤변이다.

3. 20.
mon tue wed thu fri sat sun

동굴의 우상

am 9:21에 김포한강생태공원점 할리스에서 씀

2박 3일, 큰 집 식구들과 무주 시골에 다녀왔다. 덕분에 많이 힐링 되어 돌아왔다. 무주 시골집은 사방이 산으로 둘러싸여 있는, 고작 몇십 가구만 사는 동네에 자리 잡고 있다. 남편이 귀농한다는 바로 그 동네이다. 이번처럼 며칠 여행 삼아 오기엔 너무 좋은 곳이지만, 이곳에 정착해 산다는 건 완전히 다른 얘기다. 농사農事의 농農자도 모르는 남편이 잘 해낼 수 있을지는 두 번째 문제고, 본인에겐 태어나 자란 고향이지만, 내 입장에선 그저 살기 불편한 시골 동네일뿐이다. 누가 뭐래도 난 도시 여자다. 농촌 생활은 체질에 맞지 않는다. 김포에서 차로 왔다 갔다 하라는데, 고속도로 운전도 자신 없지만, 설령 운전에 자신 있다고 해도, 그렇게까지 할 일인가 싶다.

비가 내리려고 하는지 하늘이 컴컴하다. 익숙한 음악까지 잔잔히 흐르니, 딱 내가 좋아하는 분위기가 조성된다. 집중력도 상승하고, 이 분위기에 흠뻑 취해 보려 한다. 그냥 이대로 시간이 멈춰, 이 시공간에 영원히 갇혀도 좋겠다. 이런 게 소확행이려나? 고뇌와 번민으로 지새웠던 밤들은 모두 잊고, 저 무지개 넘어, 그리고 은하수까지 넘어 저 먼 우주로 시선을 향한다. 그런데 지구에서 쏘아 올린 우주 쓰레기가 100조 개나 된다고 한다. 지구로도 모자라 우주까지 오염시키다니, 도저히 참을 수 없다. 인간이야말로 이 우주의 기생충 같은 존재가 맞다.

'동굴의 우상'이란 말이 있다. 극히 개인적인 특성과 주관을 기준으로 삼는 이들의 오류를 지적하는 말이다. 나도 무엇엔가 편향되어 있는지도 모른다. 줄곧 시끄럽게 떠드는 뉴스들, 그중에서도 정치 뉴스는 정말 못 듣겠다. 내 생각에 우리나라 정치가들은 모두 동굴의 우상에 갇혀 사는 것 같다. 남들 뭐라 할 게 아니다. 나 자신이 문제다.

블랙핑크, 그중에서도 제니를 가장 좋아한다. 샤넬 앰버서더_{ambassador}라고 한다. 손짓, 미소, 걸음걸이, 몸짓, 모든 것에 멋이 묻어난다. 보통 사람은 소화하기 힘든 디자인의 옷을 멋지게 차려입고도 자연스럽게 행동하는 모습, 스타는 이런 거구나 싶다. 수없이 많은 팬 속에 묻혀 티도 안 나겠지만, 여기에도 열혈 팬이 하나 있다는 거, 알아주길 바란다. 너무나 사랑스럽다.

3. 21.
mon (tue) wed thu fri sat sun **85**

| 나 | 의 | | 영 | 웅, | | 김 | 연 | 아 |

am 9:50에 김포한강생태공원점 할리스에서 씀

어릴 때의 일이다. 부친과 밤낚시를 갔었다. 낚싯대를 드리운 강가에 앉아 올려다본 밤하늘은 정말 장관이었다. 도심과는 비교가 안 될 정도로 칠흑 같은 밤하늘에 달과 별이 조명처럼 반짝이고 있었다. 주변엔 그윽한 물안개가 자욱하고, 밤공기는 코끝이 시큰할 정도로 향기로웠다. 물고기는 어찌 되든 상관없었다. 그 밤의 분위기에 완전히 빠져들었던 기억. 그러던 중 자릿세 만 원을 걷으러 다니던 아저씨 때문에 분위기가 깨지긴 했지만 말이다.

김연아가 펼치는 피겨스케이팅 무대를 보면 마음이 짠하다. 물론, 아름다운 연기와 동작에 감탄과 갈채를 보내게 되지만, 그러나 한편으로 이런 무대를 위해 얼마나 많은 땀과 눈물을 흘렸을까를 생각하면 측은한 마음이 든다. 고작 몇 분이면 끝나는 무대지만, 김연아 선수의 삶 전체가 담겨 있는 인생 드라마를 보는 것 같다. 김연아의 재능, 인성, 그리고 자기 일을 대하는 태도, 모든 것이 훌륭하다. 사랑해요, 연아 킴, 나와 동시대_contemporary_를 살아줘서 고맙습니다. 당신은 나의 영웅_heroine_ 입니다.

화 이 트 와 인

am 9:36에 김포한강생태공원점 할리스에서 씀

어젯밤엔 남편을 기다리며 조명등 대신 촛불을 켰었다. 낮에 사다 둔 화이트 와인을 마시며 임윤찬이 연주하는 라흐마니노프 피아노협주곡 3번 D단조를 들었다. 늘 들어도 질리지 않고, 좋은 분위기를 만들어 주는 화이트 와인과 임윤찬의 연주다. 고요한 밤, 은은하게 퍼지는 향초의 향은 참 매혹적이다. 그런 분위기를 5분 정도 즐겼을까? 에라, 이게 뭔 궁상이냐 싶어, 남은 와인을 한꺼번에 마시고, 무주 둘러업고 자전거를 타러 나갔다. 10시가 넘어 다이소도, 올리브영도 문을 닫은 시간이라, 별수 없이 GS 편의점으로 가, 2+1 상품들을 쓸어 담아 귀가했다. 무주와 함께 외출하면, 사람들이 늘 말을 걸어온다. 예쁘다, 귀엽다, 인형 같다, 찬사가 끊이질 않는다. 오늘은 우리 무주 목욕시키고 새 옷으로 갈아입혀야지. 그나저나 화이트 와인이 대세는 대세인가 보다. 딱히 기억해둔 상표는 없지만, 대충 드라이하고 라이트하기만 하면 맛엔 문제없다. 굳이 소믈리에 수준까지 갈 필요는 없다.

	폭	발	할	지			
	모	르	는		지	뢰	밭

am 9:46에 김포한강생태공원점 할리스에서 씀

확실히 봄이다. 여기저기서 꽃봉오리가 터져 나오고 있다. 날씨가 어떻고, 꽃망울이 어떻고 이런 이야기 말고, 오늘은 나에 대해 이야기를 해야겠다. 깊숙이 숨겨져 있는 나의 내면, 잘못 건들면 폭발해 버리는 지뢰밭 같은 나의 감정, 아주 미묘하고 예민한, 그래서 약간의 자극에도 지독한 통증이 동반되는 내 심연을 들쑤시고 싶어지는 그런 아침이다. 좋다. 다 쑤셔버리자. 이미 판도라의 상자는 열렸다. 곧 내 생일이다. 내가 태어난 날, 이미 그때 판도라의 상자가 열린 거겠지. 나는 도대체 누가, 어떤 목적으로 만들어 낸 피조물인가?

3. 29.
mon tue (wed) thu fri sat sun

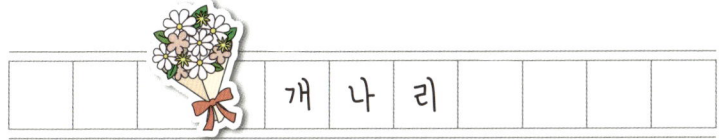

am 9:49에 김포한강생태공원점 할리스에서 씀

모두가 자기 일에 집중하고 있다. 나도 뒤질세라 신경을 모아 집중해 본다. 글이 내키지 않아 며칠 쉬는 동안, 내가 여기까지 어떻게 왔는데, 이러다 감 잃는 거 아닌가 걱정도 했었다.

노란 개나리, 아무리 봐도 질리지 않는다. 진달래, 벚꽃, 목련도 좋지만, 내 시선을 사로잡는 꽃은 역시 개나리다. 개나리를 판매하는 꽃집이나 화원은 드물다. 그냥 야생에서 저렇게 꽃피우고 사라지는 개나리의 고운 자태를 보고 있으면, 뭔가 마음이 찡하다. 거친 세상에서 혼자의 힘으로 버티며 갈 길을 묵묵히 걸어가는 청년의 뒷모습을 보는 것 같아서이다. 두 번 다시 돌아가고 싶지 않은 과거이지만, 나의 이십 대, 젊은 날도 저 화사한 개나리처럼 아름다웠으리라. 지금은 어떤가? 이제 50대, 그래도 아직 늦지 않았다고 믿고 싶다.

정신분열증 코드 5150, 어느 배우가 걸렸다고 한다. 심한 분열 증세를 보이면서 폭력을 행사하는 상황도 있었다고 한다.

집에 가면 무주 산책을 시켜줘야지. 베링거 와인에 흠뻑 취하고 싶다. 예전에는 맥주만 마셨는데 배만 부르고 웬만해선 취하지도 않더라. 그래서 소주를 마셔야 하나 생각도 해봤는데, 거기까지는 가고 싶지 않고, 갑자기 허기가 진다. 울 남편은 어제 입찰 한 건을 따냈다며 연신 기분이 좋았다. "뭐 큰돈 들어오는 것도 아닌데"라고 말을 하면서도 입꼬리가 계속 올라가 있는 모습이 귀여웠다. 그리곤 저녁에 부천에서 친구와 술 한잔하겠다며 나가버렸다. 내가 흔쾌히 보내주기도 했고. 일상의 소소한 기쁨이 현재의 시공간視空間을 행복감으로 채워주는 그 느낌이 참 좋다.

글쓰기에 중독이 된 걸까? 하루라도 글을 쓰지 않으면 뭔가 허전하고, 불안하기까지 하다. 비가 오면 좋겠다. 비 냄새를 맡은 지도 오래된 것 같다. 하늘에서 떨어지는 시원한 빗줄기가 고프다. 천둥과 번개를 동반해 몰아치는 비도 좋다. 지금은 봄이니, 이번에 내리는 비는 봄비가 되는 거다. 얼마 전까지는 김종서의 '겨울비'를 흥얼거렸는데, 이제는 이은하의 '봄비'를 불러야 하나 보다.

언제부터인지 혼자가 좋았다. 혼자 밥 먹고, 혼자 차 마시고, 혼자 영화 보고, 혼자 공상에 빠지고, 혼자 투덜대기도 하고... 아주 이상한 건 아니겠지? 이런 사람도 있는 법이다. 걱정할 일이 아니란 건 알고 있는데, 그래도 세상을 등지지는 않도록 주의해야겠다. Human can't live alone인간은 혼자 살 수 없다이란 말이 있듯이, 혼자만의 왕국에 갇혀서는 곤란하다. 그러지 마. 혼자도 좋지만, 가끔은 누군가에게 마음을 열어 보여줄 수 있어야 한다. 인생 외롭고 힘들다고 하지만, 그래도 가만히 둘러보면 주변에 좋은 사람들도 꽤 많다는 걸 깨닫게 된다. 엄마 보러 김포 집에 갔었다. "학교에서 무슨 일 있었니?" 그때 관심을 두고 따뜻하게 물어봐 주지 못해 미안하다고 하신다. "힘들면 힘들다고 말을 하지. 그 지경이 되도록 왜 말 안 했니?" 엄마와 아빠는 후회되시나 보다. 그래서 내게 많이 미안해 하신다.

난 일기를 쓰지 일지를 쓰는 게 아니다. 일지는 있었던 사실들을 단순히 기록하는 거지만, 일기는 느끼고 생각하는 바를 쓰는 것이다. 일지는 내 취향이 아니다.

서정적 자아와의

만
담

4. 3.
(mon) tue wed thu fri sat sun

			벚	꽃			

am 9:20에 김포한강생태공원점 할리스에서 씀

팝콘을 튀겨 놓은 거 같은 벚나무가 보인다. 가지를 훑어 와작와작 씹어 먹고 싶다. 나는 달콤한 맛 팝콘을 좋아한다. 홀 안이 음악 소리로 가득 채워져 간다. 소리 좀 줄여주면 좋겠는데... 벚꽃이 일본 국화國花인 사쿠라꽃이라고 피켓 시위하는 사람들이 있다. 벚꽃이 예쁘긴 하지만 나도 그 점이 조금 불편했는데, 우리 그냥 즐기면 안 될까요? 이것, 저것, 따지지 말고요. 겨울이 지나고 봄이 왔고, 봄에 피는 벚꽃이 예쁘게 피어있는 것뿐이잖아요. 내일부터 비가 내린다고 한다. 내가 비를 좋아하긴 하지만, 벚꽃 절정의 시기에 내리는 비는 날벼락이 아닐 수 없다. 꽃잎이 다 떨어지고 말거다. 뭐 어쩔 수 없지. 자연현상이니 이해해야지. 잠시라도 흩날리는 꽃비, 보여주어 고맙다. 내년에 또 만날 걸 믿는다. 그때 꼭 다시 보자.

4. 4.
mon (tue) wed thu fri sat sun   90

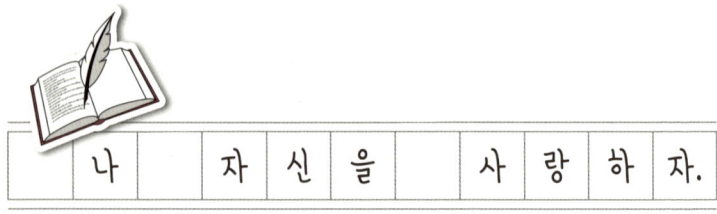

| 나 | | 자 | 신 | 을 | | 사 | 랑 | 하 | 자. |

김포한강생태공원점 할리스에서 씀

가슴 깊은 곳에 감추어 두었던 응어리가 요동친다. 나를 들었다 놨다 하고 있다. 내 원초적 본능을 다스릴 호미가 있다면 좋겠다. 그런 호미가 있다면 밭을 갈듯 나를 파고 뒤집어 좋은 사람으로 완성해 나갈 수 있을 텐데. 나에게는 기억하고 싶은 추억이 없다. 지난 일들은 다 지워버리고 싶을 뿐이다. 그냥 아무것도 모르는 바보로 사는 것이 낫겠다. 그나마 글을 쓸 수 있어 다행이다. 가슴 속 응어리의 정체를 알 것도 같다. 잊고 있던 분노, 그리고 후회들, 아무리 강한 태풍도 쓸어버리지 못할 이 응어리들. 이지영 일타강사가 말하길, 자기 자신을 사랑하란다. 자신을 가꾸기 위해선 노력이 필요하다. 왜냐하면, 소중한 나 자신에게 만족을 주어야 하기 때문이다. 난 이미 20살에 그걸 깨달았다. 내가 나를 사랑해야 한다고. 시련과 고통을 감내하기 위해서는 나 자신을 사랑해야 한다고. 그런데 그게 우울증의 시초였다. 그 시점에 그걸 깨달았다면 좋았을 거다. 비참했던 내 20대여... 똑바로 살지 못했기에 지금도 나는 겉돈다. 인생 선배에게 희망을 주는 강의라도 듣고 싶다. 그래서 읽었다. '이어령의 마지막 수업' 같은 책을.

4. 5.
mon tue (wed) thu fri sat sun **91**

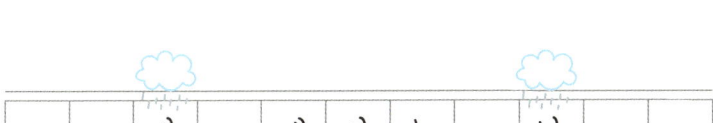

| | 비 | 내 | 리 | 는 | 날 | |

am 9:34에 김포한강샘태공원점 할리스에서 씀

그토록 기다리던 비가 드디어 내린다. 천으로 된 신발도 신을 수 없고, 평소보다 앞차와의 간격을 더 넓혀야 하고, 우산을 써도 젖는 옷 때문에 짜증도 좀 나지만, 그래도 내리는 너를 멍하니 바라보고 있으면 복잡했던 마음도 편안해지고, 잃어버렸던 안정감을 느끼게 된다. 애써 피어난 벚꽃이 너와 함께 꽃비로 내린다. 어릴 때부터 비 오는 날이 좋았다. 우산이 없는 곤란한 상황이어도 비가 내리면 그냥 좋았다. 캄캄한 밤에 가로등 불빛을 배경으로 내리는 비는 특히 더 좋았다. 그냥 뛰쳐나가 비를 맞고 싶다. 어쩌나, 하루 종일 비 내리는 창밖만 내다보고 싶구나.

요즘 내 머리를 맴도는 생각이 하나 있다. 연봉 100억씩 아니 130억씩 10년간 벌고 있다는 '일타강사 이지영'. 하루에 3~4시간만 자면서, 철저한 자기 관리, 시간 관리에 강의 중엔 지식 전달뿐 아니라 인생에 대해서도 알려주는 이런 열정의 원동력은 무엇일까 궁금하다. 나는 왜 그렇게 살고 있지 못한가? 대학 입시를 앞두고 나도 최선을 다했었다. 나름으로 열심히 했다. 그런데 성적은 오르지 않고, 하루하루 불안과 초조함만 쌓여갔다. 군인들의 유격훈련처럼 계곡 사이를 가로지르는 외줄 한 가운데 매달려, 가지도 못하고 돌아오지도 못하는, 그게 바로 나의 상황이었다.

오늘은 아침 식사, 호두 율무차, 커피 한 잔 그리고 테라 2캔을 사다 마실 예정이다. 엄마가 이 자리에 함께하고 싶으신가 보다. 그래도 오늘은 안 된다. 혼자 글쓰기에 집중하고 싶은 날이니, 누구도 초대할 수 없다. '운수 좋은 날' 이란 단편소설이 있다. 내용을 알고 나면 제목이 역설적이라는 걸 알게 되는 소설이다. 인생사 새옹지마塞翁之馬라고 했다. 우리 삶이 그냥 역설적일 때가 많다.

머리가 빠르게 회전한다. 일타강사 이지영 샘의 일화 중에, 교수님이 책을 읽고 리포트를 쓰는 숙제를 내주었을 때, 다른 친구들은 책은 대충 읽고 글쓰기에 집중했는데 자신만 그 두꺼운 책을 다 읽고 써서, 가장 좋은 점수를 받았다는 이야기가 있다. 우직하고 성실하게 공부에 집중하고 싶어진다. 내 열정과 독기를 한 가지 일에 집중해서 쏟아내 보고 싶다. 나는 항상 2%가 부족하다. 이걸 채워야 무언가 이룰 수 있을 텐데, 무엇으로 이 2%를 채울 수 있을까?

| | 초 | 집 | 중 | | 모 | 드 | | |

am 9:28에 김포한강생태공원점 할리스에서 씀

노래 경연 프로그램을 보면, 수없이 무대 위에 섰을 베테랑 가수들도, 음악이 시작되면 초집중 모드에 들어간다. 나도 글을 쓰기 시작할 때는 초집중 모드이다. 오늘도 혼자일 예정이다. 남편은 밤 11시 30분 정도에 온다고 하니, 난 자유다. 그렇다고 뭐 대단한 일을 하는 건 아니고, 그저 촛불 켜놓고 와인 한잔하는 여유를 즐기는 정도. 밤 시간, 나만의 소확행을 기대하며 오늘 하루 긍정적으로 보내보자. 좀 거창하지만, 하늘을 우러러 한 점 부끄러움이 없는 하루가 되기를 바란다.

여행을 떠나야 할 것 같은 날씨인데, 내가 어딜 가겠나, 롯데몰이나 나가봐야겠다. 생각해 보니 내 행동반경이 참 좁다. 오늘도 낡고 늙은 내 붕붕이를 살살 달래야 했다. 그르렁거리고, 빌빌대는 붕붕이, 악셀을 밟았다 뗐다 하면서 한참을 달래야 겨우 순순히 따라온다. 오늘도 협상negotiation은 성공적이다.

음악 소리가 너무 크다. 제발 좀 줄여다오. 차 소리도 안 들릴 정도로 창밖 세상은 고요하다. 아직 땅이 마르지도 않았는데 하늘엔 또 먹구름이 모습을 드러내고 있다. 내 얼굴을 보며 또 먹구름이냐며 타박하는 사람들도 있다.

4. 7.
mon tue wed thu (fri) sat sun   **93**

| | | 금 | 욕 | 주 | 의 | |

am 9:30에 김포한강생태공원점 할리스에서 씀

노담이 되면서 깨달은 것이 있다. 모든 것엔 절제가 있어야 한다는 것과 삶에 있어 선택과 집중이 중요하다는 사실이다. 금욕주의를 사전에서 찾아보니 "육체적 욕구나 본능을 억제하는 것이 도덕적으로 중요하다고 여기는 태도나 사상"이라고 한다. 단순히 억제하고 참는 것만이 아니라, 더 중요한 목적을 위해 욕구와 본능을 조절하는 것이다. 확실히 자기관리가 중요하다. 옷을 잘 입는 것도 자기관리의 일환이다. 난 사람을 만날 때 첫인상을 중요하게 여긴다. 그 첫인상에 옷차림도 많은 부분을 차지한다. 머리부터 발끝까지 스캔한다. 외모로 사람을 평가해선 안 된다는 건 나도 알고 있다. 그래도 어쩌겠나, 눈에 보이는 것을. 빛 좋은 개살구란 말도 있지만, 외모지상주의가 뭐 그렇게 나쁜 건가 싶다. 심지어 외모 관리로 먹고사는 패션업계 관련자들도 있는데 말이다. 외모지상주의도 좋다만, 자본주의 시대를 살아가는 요즘엔 황금만능주의가 더 힘이 있다. 로또 맞으면 어지간한 문제는 다 해결될 텐데. 챗GPT가 로또 숫자를 몇 개 맞추었다지. 우리 미래가 걱정이다. 어린 시절 보았던 SF 만화나 영화 '터미네이터' 스토리처럼, 인공지능 로봇에게 인류가 지배당하게 되는 것은 아닌지 심히 걱정된다. 그래서인지 어느 나라에선 당분간 챗GPT 연구를 보류하자는 의견도 나왔다고 한다. 차라리 딴 분야에 예산을 투자하면 좋겠다. 우주 정거장은 다 만들었나? 관심을 우주로 돌리는 게 낫지 않겠나 싶다. 그냥, 혼잣말이다.

4. 11.
mon (tue) wed thu fri sat sun

94

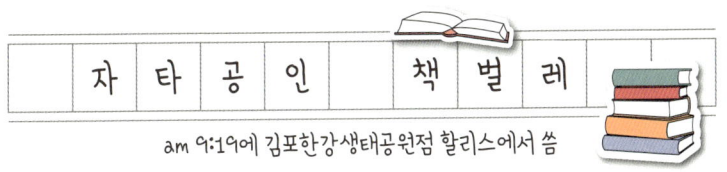

| 자 | 타 | 공 | 인 | 책 | 벌 | 레 |

am 9:19에 김포한강생태공원점 할리스에서 씀

전쟁터에서도 꽃은 핀다고 하는데, 내 삶에는 꽃이 보이지 않는다. 이번 생은 이미 틀렸다. 다음 생을 기약하자. 내 남은 인생, 아마 내 뜻대로 되지는 않을 것이다. 자기애에 너무 빠져버린 탓인지도 모른다. 아니, 싫다. 삶을 포기하기엔 아직 살아갈 날이 꽤 많이 남아 있지 않나? 내 꿈이 뭐였는지도 잊고 살았다. 한때는 번역가가 되고 싶었다. 늦었지만 번역가가 되어 볼까? 영어 공부 좀 더 열심히 해서, 단어도 많이 외우고, 독해 연습도 하고, 영어로 읽고 쓰는 훈련하고... 그런데 내가 과연 할 수 있을까? 열정도 의지도 간절함도 없으면, 꿈이란 걸 입에 올리지 말아야 한다. 젊은 날엔 자타공인 책벌레였는데, 지금은 책의 머리말도 읽기 싫다. 어서 내 '서자 서정적 자아'를 만나야겠다. 중1 때 국어 선생님께서 나에게 도서실 청소를 맡기셨다. 엄마의 입김이 있었지 싶다. 도서관 특유의 책 냄새와 먼지, 희미하게 들어오던 햇빛 등이 기억난다. 그곳에서 많은 책을 만났다. 책을 통해 새로운 세계를 열어가던 그때의 셀렘과 감동은 세월이 많이 흘렀지만, 여전히 생생하게 살아 있다. 사방이 책으로 둘러싸인 그 공간은 나에겐 은밀한 아지트요, 나를 보호해 주던 은신처였다. 나를 성장시켜 주었던 그 시간과 공간, 그때의 열정과 집중력이라면 못 해낼 게 없다. 다시 한번 책에 깊이 빠지고 싶다. 그토록 기다리던 비가 쏟아지는데 멋진 빗줄기가 귀에도 눈에도 들어오지 않는다. 시간 여행자가 될 수 있다면, 미래로 가서 로또 번호를 알아 오는 게 정답이겠지만, 나는 중1 그 시절로 돌아가겠다.

4. 12.   **95**

mon tue (wed) thu fri sat sun

| | | | 과 | 욕 | | | |

am 9:21에 김포한강생태공원점 할리스에서 씀

루즈 웨이트~lose weight~에 집착하는 나에게, 왜 그리 숫자에 매여 사냐고 말하는 이들이 있다. 모두가 내 생각에 동의할 순 없을 테니, 그냥 무시하고 내 신념대로 살아간다. 자신을 채찍질할 때 사람은 발전한다고 생각한다. 주변에 보면 욕심도 많고 그래서 시기심과 질투심도 많은 사람이 있다. 남에게 피해를 주지 않는다면, 그런 욕심은 자신을 발전시키는 원동력이 된다고 생각한다. 문제는 그런 욕심이 과해서 다른 사람을 험담하고 끌어내리려고 할 때 발생한다. 남 욕하고, 불평하며, 씹어대면 그때야 잠시 심적 위로를 얻겠지만, 그때뿐이다. 자기가 잘해야 한다. 참으로 말도 많고, 탈도 많은 시댁 집안의 4남매…

좋은 자리를 잡고자 오늘도 서둘러 차를 몰았다. 어제는 옛 추억에 잠겨 비가 내리는 창밖 풍경을 충분히 즐기지 못해 아쉬웠다. 오늘은 황사 짙은 하늘을 배경으로 플래카드가 맥없이 펄럭이고 있다. 중국은 황사가 자기네 탓이 아니라고 발뺌한다. 참 염치없는 나라다. 뭐든 제멋대로고, 잘못을 저지르고도 도리어 큰소리를 치는 나라, 프랑스 대통령은 도대체 왜 중국을 방문했을까? 그래 외교란 게 본래 그런 거겠지. 더 이상 말을 말자.

4. 13.

mon tue wed (thu) fri sat sun

96

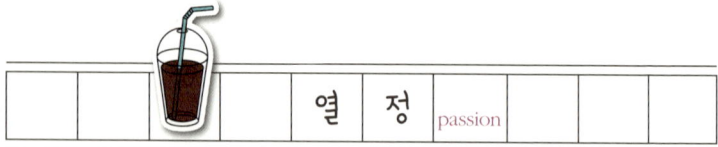

| | | 열 | 정 passion | | | |

am 9:26에 김포한강생태공원점 할리스에서 씀

시끌벅적한 소리에, 창가 자리가 만석인가 걱정했는데, 다행히 자리가 넉넉했다. 요즘은 비교적 잘 살아가고있다. 힘들고 짜증 나는 일이 많지만, 그런 내 삶에도 희망과 소망의 싹은 있다고 생각하게 되었다. 오늘 글도 상당히 긍정적인 내용이 될 듯하다. 잔잔한 기쁨과 희망찬 열망이 나를 감싸고 있다. 그래, 사는 게 고통의 연속이기만 한 것은 아니다. 내 주변엔 항상 날 위해주고, 걱정해주며 따뜻한 시선을 보내주는 이들이 있다. 보답하고 싶다. 내가 잘 되어서, 많이 베풀 것이다. 먼저 나 자신에게, 그리고 날 아껴주시는 분들께 정말 많이 베풀며 살겠다.

어린이집 아가들이 노란 병아리들처럼 한 줄로 걸어간다. 꽉 안아주고 싶을 만큼 너무 예쁜 아이들. 이 말은 안 하고 싶었는데... 나도 아들 하나 있으면 좋겠다. 요즘은 딸이 최고라고 하지만, 그래도 난 아들이 좋다. 험한 사고가 많은 요즘, 딸 가진 부모들의 근심을 알기에도 그렇지만, 왠지 아들은 키워놓으면 든든할 것 같다. 친구들 보면, 자녀들이 벌써 다 커서 대학가고, 군대 가고 한다. 우리 조카도 곧 군대 자원입대한다고 한다. 이렇게 잘 커 준 게 그저 고맙다. 고마운데 다른 이유는 없다. 그저 우린 가족이니까. 좀 더 가깝게 지냈으면 이것, 저것 챙겨주고 더 좋았을 텐데 그건 좀 아쉽다.

친구가 아쉬울 때가 있다. 생각난 김에, P한테 연락해 봐야겠다. 그래도 주변에 P가 있어 다행이다. P는 대학 1년 선배다. 예전에 '100분 토론'이란 프로그램이 있었는데, 손석희 아나운서가 진행을 맡았다. 지금은 성신여대 교수라고 한다. 나도 그런 분 밑에서 대학 생활하라고 하면, 정말 열심히 공부할 수 있을 것 같다. 우리 과를 수석 졸업한 언니 말이, 막상 사회에 나와 보니 학교 공부가 별 도움이 안 되더란다. 그래도 그 언니가 부럽다. 공부 일등 했던 열정이라면, 어딜 가도 인정받고 성공할 사람이라고 생각한다. 날 우리 과 인재라고 하셨던 M 교수님 뵈러 가고 싶다. 자신에게 묻는다. 너 다시 공부할 기회가 주어진다면 제대로 할 수 있어? 다른데 한눈을 팔지 않고 공부만 할 수 있겠냐고? "그래, 예스 아이 두$_{\text{Yes, I do}}$!" 난 할 거다. 그런 기회가 실제로 오진 않겠지만.

오랜만에 아이스라테$_{\text{latte}}$를 마시는 중인데, 속이 안 좋아 뜨거운 물 한잔으로 달래 본다.

4. 14.
mon tue wed thu (fri) sat sun

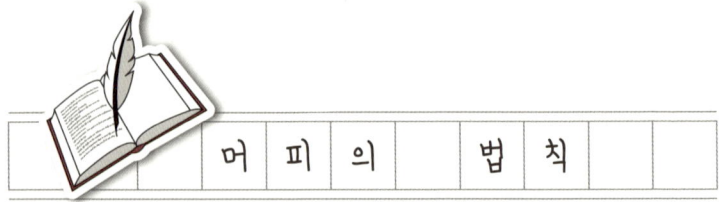

머 피 의   법 칙

am 9:36에 김포한강생태공원점 할리스에서 씀

이제 슬슬 마감을 준비한다. 왠지 그래야만 할 것 같다. 물론 죽는 날까지 일기는 쓸 것이다. 나에게 다시 일어설 힘을 준 것이 일기니까 말이다. 내 삶의 원동력이기도 하고 나침반이기도 하다. 솔직하게 다 쏟아냈다. 내 밑바닥까지 다 보여줬다. 난 내가 아주 뛰어난 사람이라고 믿고 있었다. 20년 전에 모아 놓은 잡동사니를 뒤져보았다. 결혼 1주년 기념으로 목동 스카이라운지에서 찍은 폴라로이드 사진이 있었다. 시간이 정말 빠르다. 예전에 썼던 일기장도 하나 꺼내 뒤적여 보았다. 내용이 지금과 크게 다르지 않다. 덧없는 세월이다. 20년 동안 특별히 이룬 것이 없다는 것이 허무하다. 이지영 강사 이야기에 큰 자극을 받았다. 이렇게 사는 사람도 있구나, 감탄하면서 동시에 내 삶을 반성했다. 할 수 있다면 에탄올로 나 자신을 깨끗이 소독하고 다시 처음부터 시작하고 싶다. 젠장, 열 받는다. 내 인생이 너무 하찮다. 비빌 언덕이라도 있어야 뭘 해보지. 혼자서 뭐라도 된 양, 수준 있는 척 행동하는 것도 역겹다. 분노인지 자기혐오인지 뜨거운 감정이 뒤섞인다. 확 미분했다가 적분해 버릴 년娚. 더는 고운 말 나오긴 틀렸다.

이 일기책도 3페이지 남았다. 그동안 나와 모든 것을 함께 했다. 부친은 내게 항상 좋은 말만 하라고 하셨다. 특히 가족들 흉보지 말고 욕하지 말라고 하셨다. 착하게 살라고 내 이름도 착할 선善에 계집 희姬로 지어주셨나 보다. 그런데 난 개명하고 싶다. '민지', '예지', '민서' 같은 예쁜 이름이 부러울 때가 있다.

홀 안에 흐르는 음악에 잡념雜念들이 씻겨 나간다. 마치 나 자신이 정화되는 것 같다. 오늘 저녁엔 무슨 국을 끓일까? 어묵 끓여야겠다. 무 넣고, 어묵 넣고, 오징어 넣어 육수도 우려내야겠다. 오늘 불금이지. 이번 주도 별일 없이 잘 넘겼다. 그래도 요즈음 '머피의 법칙'의 연속이었다. 큰 사고는 없었지만, 되는 일도 없었다. 어쨌든 한 주 잘 빠져나왔다. 수고했어, 이번 주도.

서정적 자아와의 만담

초판 1쇄 인쇄 2023년 12월 1일
초판 1쇄 발행 2023년 12월 14일

지은이 이선희
펴낸이 김지혜
펴낸곳 도서출판 공감마을

일러스트 박서연

주소 경기도 파주시 하우안길 26-6
E-Mail editorgonggam@gmail.com

출판등록번호 제406-2014-000045
출판 등록일 2014년 9월 3일

값 15,000원

ISBN 979-11-979614-2-7 03810

파본은 교환해 드립니다.
이 출판물은 저작권법으로 보호 받는 저작물이므로
무단 전제나 무단 복제를 할 수 없습니다.